根証文から根抵当へ

幡新大実

東信堂

はじめに

(1) 根抵当、根担保、根保証について

この本は、現在、根抵当《ねていとう》ないし根担保《ねたんぽ》、あるいは根保証《ねほしょう》というときの「根」という言葉の起源を、試しに江戸時代の日本に探ってみようというお話である。

根担保というのは、例えば銀行の通帳取引で時々当面の借越し（銀行から見れば当座貸越）を受けたい場合、わざわざ毎回担保を提供するのは面倒なので、あらかじめ一定の枠内（極度額）なら何度でも借越しができるように、一応の担保を提供しておく場合などに用いられる。やや難しく言うと、一定の継続的取引から発生する債権群をまとめて担保する制度といえ、実際上は抵当以上に根抵当の方がはるかに広く用いられている。日本では、本書で触れるように明治二三年（一八九〇年）の旧商法典制定の頃には、すでに実務上存在しており、昭和四六年（一九七一年）六月三日の法律第九九号により、それまでの判例法などをまとめて整理して、民法典の第二編「物権」、第一〇章「抵当権」の末尾の第三九八条の後に第四節「根抵当」二一ヵ条が加えられた。そういう意味では、日本の伝統的なコモンロー（common law）とでも言いたくなるような制度である。

根抵当は「ねていとう」と発音し、湯桶《ゆとう》読みである。これ自体として「根」が日本語起源ではないかと疑わせる。例えばヨーロッパに「ヴュルツル・ヒュポテーク」（Wurzelhypothek）でもあれば、「ああ、それが起源か」と思うのであるが、そういう名前のものは存在しない。ただし本書で後述するように、一八八〇―二年のドイツの民法典第一編纂委員会の検討記録に登場するプロイセンの「保証抵当」（Kautionshypothek）やメクレンブルクの「窮極抵当」（Ultimathypothek）が基本的には根抵当に当たる。ドイツは結局、Grundschuld（「土地債務」）という抵当を超えた、つまり難しい言葉で被担保債権との「附従性」をもつ担保制度から離れた、独特の制度を採用したので、あまり根抵当は使われていない。附従性（Akzessorität）というのは、要するに、貸金に対して不釣合いな担保をとって暴利をむさぼるなどの担保権の濫用を抑えるために、担保は借金に附き従うという意味である。借金がなくなれば担保も消える。これを厳密に解釈すると、銀行から経常的にときどき当座貸越を受けたい場合に、毎回抵当権を設定し直さなければならないという面倒が生じるので、それを緩和したのが根抵当と捉えられる。原理的には、抵当権だけでなく質権その他の担保権、さらには保証人をつける保証についても、同様に「附従性」を緩和した制度として「根」という言葉が付けられる。「附従性」はヨーロッパから輸入した概念なのだが、では、もともと「根」は日本ではどういう意味だったのだろう？その疑問にこたえるために、この本は書かれた。

(2) 江戸時代の通貨価値について

この本の内容を一般読者により分かり易くするために、便宜的に江戸時代の通貨、たとえば銀六千貫目が今の何円くらいになるのか、一応の目安的な数字を入れた方がよいという意見がある。

理論的には、現在の円相場を経済協力開発機構（ＯＥＣＤ）の購買力平価（Purchasing Power Parity）で計算するようなやり方が理想的ではないかと思われる。つまり、円とドルの為替相場などとは違って、同じ物の値段、例えばコメ一石一両を例にとって、その江戸時代と今の値段を比較すれば、一両の値段が分かるかも知れない。一石は千合、一合は明治にできた換算基準で〇・一八〇三九リットル、精米にして約一五〇グラムから換算すると、一石は約一五〇キログラムである。二〇一二年の自主流通米、新潟産コシヒカリ白米二〇キロ一万一九二〇円から計算すると、一石一両は約八万九千四百円となる。ちなみに江戸時代の石高はおそらく玄米で数えていたので誤差も見込まれるが、小判にしてはちょっと安くはないだろうか？

それで二〇一二年五月五日一六時の金一グラム四一五八円（田中貴金属工業の買取価格）を基準に、純度の最も高かった慶長小判一七・七六グラム金八六・二八％（正味一五・三二グラム）の価値を計算してみたら、六万三千七百円となった。これは意外に安い。

そもそも、江戸時代の日本は人口三千万人の孤立した自給自足経済で、現代の人口一億二千万人のモノと通貨のあふれた一大貿易立国、機械化で便利になった大量生産大量消費経済とは全然違った。小中学生の知識でも江戸時代は米の価格を基準とした変動相場制で、豊作の年もあれば凶作の年もあった。そもそも江戸時代の米は高級品で、庶民はかわりに粟《あわ》や稗《ひえ》を食べることが多く、かりに現在のブランド米の価格と比較したとしても、まず同じ量のコメが同じ価格だったと考えること自体、根本的な誤りだと言わなければならない。小判も丁銀も一文銭も藩札もあったが、何でもお金で計算してモノの価値を判断するような、そんな時代ではなく、もっとモノがモノとして固有の価値をもって大切にされていた、そんな社会だった。「購買力平価」の通貨の購買力という概念そのものが成り立たないような社会だったというべきなのかもしれない。

実際、一石とはもともと大人が一人一年間に消費する米の量（百万石で百万人分）で、『江戸時代館』によると文化文政期に三両あれば、独り暮らしの男が贅沢をしなければ一年生活できたという（大石二〇〇二年四二〇頁）。そうだとすると、三両が一九万一一〇〇円（金価格基準）～二六万八二〇〇円（コシヒカリ価格基準）程度では、今、成年男子がそんな金額で何日生活できるかを考えてみれば、妥当な換算値でないことが一目瞭然である。これは、発展途上国産品の価格がおそろしく低く評価される傾向と似て、江戸時代の生活実態に合わせた「生活力」平価を考えなければならない。三両で一年生活できたとすると、一両五〇万円でも安いかもしれない。これは、いわば生活感覚を基準とした換算価格である。千両箱にして五億円である。筆者は率直にそう高過ぎる相場でもないように思うが、これほど「高い」換算レートを出している研究書は見当たらない。

やっかいなことに、江戸の金本位制に対する上方の銀本位制の違いもあった。この本の目的のためには、上方が圧倒的に重要である。とはいえ、これまでの研究や情報収集のあり方からして、上方の銀本位制を基準に物価を比較することは難しい。

金銀貨幣も鎖国前の慶長小判や丁銀でさえ海外のものに比べて純度が低く、そのまま金銀としての価値を持つと考えるのは間違いかもしれない。たとえばイングランドのスターリング銀貨の一一五八年以来の公式純度（= Sterling）は九二・五％（もちろん中世一貫してこの純度が守られたわけではないが）、オランダで一六〇〇年から一七〇〇年にかけて発行されたライクス（ドイツ語の「ライヒ」ス）ダールダー（Rijksdaalder）の公式純度は八七・五％で（Simons, 2004）、いずれも慶長丁銀（一六〇一年）の公式純度八〇％を上回っていた。金貨についてもイングランドの通称「ギニー」（Guinea）金貨の純度は一六七〇年に二二カラット（二二／二四＝九一・六七％）に設定され、一七七三年の純度検査で当初は平均九一％、次のジェイムズ二世の治世（一六八五～一六八八）に平均九〇・九四％に落ちるものの、その後、次第に二二カラットを超えるようになり、慶長小判（一六〇一年）の実測純度八六・二八％（約二〇・七カラット）よりずっと高い。江戸時代の金座や銀座は設置当初から金銀の海外流出制限を念頭に置いていたのではないかと疑われる。

その上、金銀貨幣の質は、享保期を除き、全体として江戸時代を通じて小判は質が低下し大きさも小さくなり、丁銀の質の劣化にはそれをはるかに上回るものがあった。とくに一七一一年に発行された銀が二割しか入っていない宝永四ッ宝丁「銀」は銀本位制の上方の経済を破綻させ、安土桃山時代から元禄時代にかけての華やかな文化は失われ、文化的にも本格的に「江戸時代」へ移行するようになった。この本は一部元禄時代やそれ以前の文献も見るが、中心になるのは宝永期の半世紀近く後の宝暦以降のこととなる。

ともかく小判や丁銀は金や銀としてではなく、時代が下るにつれ、いわば流通紙幣に毛の生えたような存在（token coins）としての性格を濃厚にしていくとともに、元禄期以降の質の劣化のみならず、宝永期以降の流通量の増大により、通貨単位そのものの価値も著しく下落していったことは疑いない（小野一九七九年二〇〇）。江戸時代においても通貨価値には大きな変動があったのだが、本書において、それを厳密に考証して現代の通貨価値に換算するような余裕はない。以下、一応の目安として小判と丁銀の純度の変遷データを掲げる。

慶長小判（一六〇一年）が一七・七六グラム金八六・二八％（正味一五・三二グラム）だったのに対し、元禄小判（一六九五年）は一七・七六グラム金五六・四一％（正味一〇・〇一グラム）、宝永小判（一七一〇年）九・三七グラム金八三・四〇％（正味七・八一グラム）、享保小判（一七一四年）一七・八四グラム金八六・一四％（正味一五・三六グラム）、元文小判（一七三六年）一三・一一グラム金六五・三一％（正味八・五六グラム）、天保小判（一八三七年）一一・二四グラム金五六・七七％（正味六・三八グラム）、安政小判（一八五九年）八・九九グラム金五五・五〇％（正味四・九八

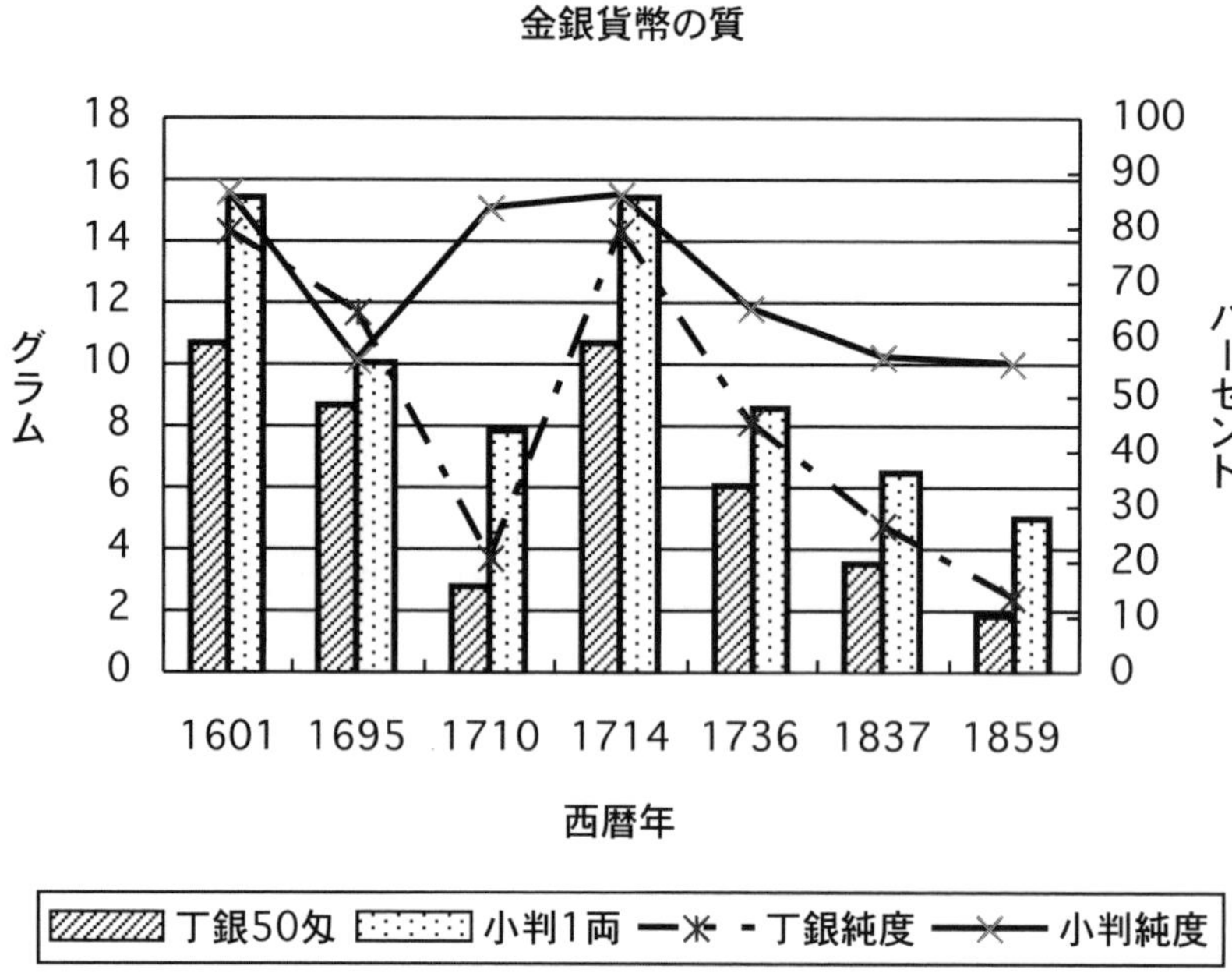

グラム）で、慶長を一〇〇とすると、元禄は六五、宝永は五一、享保は一〇〇、元文は五五、天保は四一、安政は三二である。銀は、慶長丁銀（一六〇一年）が純度七九・三九％（金〇・二〇％含）であったのに対し、元禄丁銀（一六九五年）は純度六四・七四％（金含）、宝永四ッ宝銀（一七一一年）純度二〇・四二％（同）、享保丁銀（一七一四年）純度七九・八二％（同）、元文丁銀（一七三六年）は純度四五・一六％（同）、天保丁銀（一八三七年）は純度二六・〇九％（同）、安政丁銀（一八六〇年）は純度一三・五二％（同）なので、慶長を一〇〇とすると元禄八一、宝永二五、享保一〇〇、元文五六、天保三二、安政一七であった（小判や丁銀の純度は明治の造幣局の調査に基づく～甲賀宜政『古金銀調査明細録』一九三〇年）。上のグラフは、縦棒は丁銀五〇匁の銀重量（グラム）と小判一両の金重量（グラム）、横線は丁銀の銀純度と小判の金純度（％）を示す。

　江戸時代の物価の微分的調査は不能でも、何か、比較によい「モノ」はないだろうか。たとえばいくら機械化したとしても手作りに近い商品として豆腐を見てみよう。たとえば江戸時代に豆腐一丁は六〇文したから（中江克己『江戸の意外な「モノ」の値段～物価から見える江戸っ子の生活模様』ＰＨＰ研究所二〇〇三年）、今の豆腐の市販例えば四八〇円と比べて、換算（一文＝八円）できるだろうか。しかし、やはり、原材料費が全然違い、満州（中国東三省）やアメリカのない時代に大豆は高級品であったことを考えると、それはできない。

栗原智久『大江戸調査網』（講談社二〇〇七年）によれば、弘化二年（一八四五年）の栗原柳庵の記録に、奈良の般若寺の古牒に慶長七年七月一三日（一六〇二年）、みりん酒が三升で一九五文して、米九升余りの値段であったが、それからざっと二四三年後の柳庵の時代も、みりん酒一升は米三升に当たり、米に対する相対価格にほとんど変動がないことに驚いたという。ためしに現代の標準的なみりん酒がメーカーの希望小売価格で一升（約一・八リットル）一一八一円位するので、単純計算で、一文約一八円となる。これを金一両＝銭四貫文（四千文のこと）で計算すると一両は七万二千円となる。これもとても安く思われる。

宮崎県民俗学会副会長の前田博仁氏は、天保一四年九月（一八四三年）の高鍋藩の触書で、職人一日二二四文、日雇一日一四八文、屋根葺一日二〇〇文、人馬賃二〇〇文と定めた記録から、日雇一日一四八文と現在の最低賃金を等式にして換算することを思いつき、平成一八年度（二〇〇六年）の宮崎県の最低賃金が時給六一一円であったことから一日八時間労働と仮定して一日四八八八円とすると、一文は三三円、一両は一三万二千円とはじかれる（前田博仁「江戸時代後期、宮崎では一両一三万二千円だった」二〇一一年二月）。

また、そば一椀の値段、江戸時代一六文と現代の約六百円で換算すると、一文は三七・五円で、一両は一五万円となるが、それとあまり変わらない。

一両一三万二千円～一五万円は、三両で三九万六千円～四五万円、これを一年の可処分所得とすると一月では三万三千円〜三万七五〇〇円で、これで一月の生活はいくらなんでも厳しいだろう。

磯田道史『武士の家計簿、「加賀藩御算用」の幕末維新』（新潮社二〇〇三年）が大工の月収から計算した数字は一両＝約三〇万円〜四〇万円である。ただ、一両がこのくらいなら、三両あれば九〇万円から一二〇万円で、独身男性が一年暮らすことも不可能ではなくなってくるように思われる。

ではどれが本当なのか？

正直、分からない。

本書では、単に一般読者の「気休め」の目的で、やや保守的な線で、前田説（天保一四年の一両一三万二千円）を採用する。これは「何となくこんな感じだったかもしれない」という推測値程度に捉えて頂ければ幸いである。一応の「目安」といえば目安かもしれないが、ほとんど「子供だまし」というべき数値である。ただし、とくに元禄改鋳（一六九五年）以前については、前田基準の天保小判と、例えば慶長小判の金含有量を比較し修正する。

（3）本文における円換算値計算基準

たとえば、本書13頁の貞享二年八月（一六八五年）の長崎における年間貿易額制限高は次のような計算になる。天保小判一両が一三万二千円したとすれば、元禄改鋳前の慶長小判は一両三二万六九六五円となる。それに相当する慶長丁銀は金一両＝銀五〇匁で計算すると六千貫目は一二万両となる。すると、オランダ商館金五万両は約一五八億四八二五万円、唐船銀六千貫目＝金一二万両は約三八〇億三五八〇万円となる。もとよりこれが正確だと主張するつもりはないが、年間貿易額の上限とすれば、それほどおかしな数値でもなかろう。なお、長崎貿易なら当時のオランダの金銀為替相場から計算すれば、という考え方もあるかもしれないが、本書の焦点は鎖国時代のもっぱら輸入品の日本国内流通にあるため、日本国内の物価と対比させることに専念する。

35頁の嘉永二年三月二一日（一八四九年）の三井の長崎根証文について、銀百貫目を入札のためのいわば保証金として長崎会所に預ければ、その五倍額の五百貫目の根証文を提出せよというお達しを受けて、三井が八百貫目の根証文を提出した件について換算すると、金一両一三万二千円だとすると、金一両が銀六〇匁だとして、百貫目は二億二千万円、五百貫目は一一億円、八百貫目は一七億六千万円となる。

38頁の享和三年一二月（一八〇四年）の三井の京根証文であるが、元文改鋳後なので、一両一三万二千円は、一七万七一〇三円となる。金一両＝銀六〇匁として百貫目は、二億九五一七万となる。

49頁の文久元年（一八六一年）の長崎の外国人居留地造成工事についての元金二四〇・一二五両は、万延小判（三・三グラム金五七・二五％～正味一・八八グラム）の一両三万八八九六円で計算すると九三三万九九〇二円となる。これはちょっと安過ぎるかもしれないので、天保小判と額面は同じ建前のはずだったので、その額面で計算すると三一六九万六五〇〇円となる。

70頁の元禄五年の井原西鶴の『世間胸算用』は元禄改鋳前として計算する。すると銀二五貫目は、本来金から計算すべきではないが、やむをえず一両三一万六九六五円＝銀五〇匁で計算して、銀二五貫目は一億五八四八万二五〇〇円、銀八〇貫目は五億〇七一四万円である。「銀なし」とはいえ、「問屋」の一年の決算とすれば、存外、法外な数値ではないかも知れない。

74～76頁については先行研究の一九七九年当時の自主流通米からの換算値を引用するが、これと別の本書の基準で再計算すると、元文改鋳後なので一両一七万七一〇三円、金一両＝銀六〇匁で計算して百貫目は二億九五一七万円、千貫目は二九億五一七〇万円となる。この計算では、訴訟額千貫目は、担保の土地の値段（これは蔵屋敷所在地の一九七九年地価）とほぼ同じになる。

（4）日本の暦とグレゴリオ暦の併記について

日本の旧暦（天保暦）は明治五年一二月二日で終了し、翌日がグレゴリオ暦一八七三年一月一日であったことに合わせて新暦の明治六年一月一日とされた。従って本書はこの後については日本の年月日の年と月の間にグレゴリオ暦の年を挿入する（例、明治七年（一八七四年）三月三日）。しかし明治六年一月一日の前については、正確な日付が分かる範囲で日本の暦の年月日の後にグレゴリオ暦の年を記す。たとえば享保五年一二月一五日はグレゴリオ暦では一七二一年一月一二日であったので享保五年一二月一五日（一七二一年）となる。ちなみに「西暦」にも色々あって、当時のイングランドのユリウス暦では一七二一年一月二日で、イングランドがグレゴリオ暦を採用したのは一七五二年九月一四日からで、それは宝暦二年八月七日であった。もし日本の側で正確な年月日が分からなければ、江戸時代においてはグレゴリオ暦と日本の旧暦の年がずれるのは一二月以降であるけれども、重なっている月数が多い年を便宜上選択する。

目次　根証文から根抵当へ

図表一覧

図表	表題	所蔵	文書番号	掲載頁
グラフ	江戸時代の金銀貨幣の質			vi
図1	若狭国太良庄領家方代官乗珎請文	京都府立総合資料館	東寺百合文書 セ49	21
図2	足立程十郎人参販売一件書類	長崎歴史文化博物館	県書14 463・3	23
図3	長崎商売根証文主納銀ノコトニツキ長崎奉行ノ達	三井文庫	本1670・3	32
図4	乍憚奉願口上書と覚	長崎大学附属図書館 経済学部分館	武藤文庫 180と181	34
図5	京根証文津出釣合書	長崎大学附属図書館 経済学部分館	武藤文庫 222	35
図6	請負根証文津出釣合書	長崎大学附属図書館 経済学部分館	武藤文庫 209	37
図7	嶋原根証文ノ内津出釣合書	長崎大学附属図書館 経済学部分館	武藤文庫 223	37
図8	京根証文凡仕様書	三井文庫	本1669・8	39
図9	乍恐奉願口上書	九州大学附属図書館付設記録資料館 九州文化史資料部門	石本文書 20924	40
図10	乍恐奉願口上書と一札之事	長崎大学附属図書館 経済学部分館	武藤文庫 10と9	48
図11	借用金証文之事写	長崎大学附属図書館 経済学部分館	武藤文庫 282	50〜51
図12	山村甚兵衛様御屋敷 調達方御引当御根証文	徳川林政史研究所	美濃屋文書47	55
図13	掛屋敷組合持枝証文之事	尼崎市立地域研究史料館	前田宗五郎家文書 請119・6	60
図14	加入枝証文	三井文庫	続470・3	60
図15	井原西鶴世間胸算用	京都府立総合資料館	貴527 特840・19	73
図16	日記 寛宝日記	長崎歴史文化博物館	市資料210 72・2	82
図17	寛永至宝永日記	長崎歴史文化博物館	県書13・34	82
図18	ドイツ民法典第一編纂委員会検討記録	Universitätsbibliothek Freiburg		100
図19	プロイセン王国一八七二年法律八〇三四号	Universitäts- und Landesbibliothek Bonn		101

根証文から根抵当へ

序論

本書は、江戸時代の根証文《ねしょうもん》あるいは根目録が明治時代の根抵当の起源になったのかどうかを史料に基づいて検証しようという試みである。根証文については証文類、とくに金融約定の史的研究が基礎となり、根目録については商家の会計書類の史的研究が必要とされる。後者については、今後の研究に期待するところがまだまだ大きいことを本書の限界としてまず指摘しなければならない。

この研究の視点は、筆者が、二〇〇〇年秋、故ピーター・バークス教授（オックスフォード大学ローマ法担当教授）や二〇〇七年春、シュテファン・フォゲナウアー教授（同学欧州法・比較法研究所所長）と夫々オールソウルズ・コレッジとブレイズノーズ・コレッジの食堂で昼食をともにしているうちに、西洋化以前の日本法、近代西欧法継受以前から現代に残っている日本法というものはどんなものかという素朴な問いかけを受けて発生したものである。知的好奇心にこたえるのは研究の一番素朴な動機であり、日本の法律家の国際交流上もこの研究は有益ではないかと思われる。

そこで日本法制史の井ヶ田良治先生（三高→京大→同志社）にご助言を頂きながら先行研究を探索すると、将来債権担保（この近代法概念をキーワードにした調査研究方針の誤りは後で気が付くことになる）という文脈においては、中田薫博士の手による応仁の乱前後の史料にもとづく古典的実証研究（『法制史論集』第二巻、第五章「日本中世の不動産質」、三七〇頁、三九一～二頁など）があるものの、「根」の字は出てこない。さらに詳しい小早川欣吾博士の『日本担保法史序説』にも、「根抵当」（四三二～三頁）についての論考はあるが、「根」の字のついた中近世の日本語は出てこず、その論考の基礎となっている文献「大阪昔時両替証書文案」は、大阪市参事会編『大阪市史』第五（一九一一年刊）五五二頁掲載の「大阪昔時の信用制度」に関する史料であり、そこにおいて確かに「根抵当付置証文」や「根抵当預証文」の文案例が掲げられているものの、いずれも『大阪市史』の編纂に近い当時につけられた史料の表題と思われ、文案そのものには「根」の字さえない。明治において商法典編纂の準備に収集されたと見られる司法省編『日本商事慣例類集』第二編（一八八四年「印行」）の中の「（東京市）日本橋区」において聴取された「根抵当」慣例[1]についての証言についても、実際のところ「根抵当」という言葉が、調査官の言葉なのか回答した商人の言葉なのかが分からない。

二〇〇八年はじめ、偶然『財界九州』誌上における河村哲夫著『天を翔けた男～西海の豪商・石本平兵衛』の連載を読んでいて「根証文」に遭遇した[2]。歴史小説であったが一見して史料の吟味を経て書かれた良質の作品であると思われたので『財界九州』を通して著者、河村哲夫氏に証拠となる史料の閲覧方を依頼、福岡大学の武野（旧姓大村）要子教授を紹介していただき、九州大学の石本家文書の中の「家質根証文」関係の史料を閲覧させていただいた。同時に三井文庫、徳川林政史研究所、長崎大学武藤文庫の根証文関連史料や、やはり足立程十郎家質根証文の事例研究をしていた長崎歴史文化博物館の本馬貞夫館長（当時）などに連絡を取り、史料を集めた。

九州大学の秀村選三教授からは東北大学の服藤弘司教授が「根証文」を含め証文類をいろいろ集めて調べていたというご助言をいただいたが[3]、その分析の焦点は「債権法上における証書の機能」（『刑事法と民事法・幕藩体制国家の法と権力Ⅳ』第二章）にあったようで、その論考中に「根証文」に言及した箇所は見当たらなかった。そこで井ヶ田先生を通して立命館大学の大平祐一教授に確認をとったが、服藤「根証文コレクション」は発見できなかった。「家質根証文」の研究には、石井良助「家質の研究」（国家学会雑誌七三巻三号一九五九年、日本古文書学論集一三巻一九八七年）[4]は、基本的な先行研究となるはずであるが、そこにも「根証文」についての言及はない。

偶然、石井論文の隣にあった山口栄蔵「枝証文について」[5]にも「根証文」には言及がなかった。しかし「枝」証文と「根」証文は少なくとも語感として比較対照すべきであると考えられたので「枝証文」の検索も行い、三井文庫や一橋大学や尼崎市立地域研究史料館などの所蔵史料にあたった。実は上記の九州各地や三井文庫の根証文がすべて長崎貿易に関するものであったために、根証文とはオランダからの輸入制度ではないかという仮説が武野先生らから唱えられたのであるが、「枝」証文の実在は、「根」証文がむしろ日本土着のものである可能性を強く示唆していたからでもあった。

以上とは別に現代の日本語で「根担保取引」と呼ぶものに相当しうる江戸時代の金融取引実務という視点から、谷啓輔元島根大学教授の手による、旧三和銀行行員時代からの、江戸時代の「大坂」（江戸時代の表記）の鴻池両替商の流れを汲む旧三和銀行調査部の史料などをもとにした江戸時代の金融約定成立史の研究[6]（経済法令研究会、一九九四年）が存在する。これは金融実務経験を持つ法制史家の手による稀有な研究としてその意義は大きいものの、「根証文」についての言及は皆無である。

その後、二〇一二年はじめ、故藤原明久教授から頂いていた大蔵官僚塚田達二郎「根抵当ニ就テ」法学志林二五号一頁（一九〇一年）を読み返してみると、冒頭において明治初期の官民の「根抵当」慣行に触れており、根証文研究と谷啓輔論文の読破後の視点からすると、これは江戸時代と近代をつなぐ時期の展開を示す貴重な好史料だと思われ、少なくとも江戸時代の慣行の分析のために思いがけない新たな視点を与えてくれた。結論だけ先に言えば、それは「官民関係」と「民民関係」の分断の可能性である。これは例えばイギリス法研究の視点から日本法制度を見た時の最大の特徴の一つといってもよいもので、逆にイギリス法、英米法の特色を照らし出すものでもあろう。

本書における先行研究の検討は以上のようなところで、とても網羅的とは言えないものの、とりあえず根証文についての本格的な研究は見当たらず、それと根抵当との関係を研究したものも見当たらない。そのような認識の上にたって、本書は、井ヶ田先生に古文書解読を依頼、短いものは筆者自身による解読の点検をお願いしながら、根証文の第一次資料に基づく研究と谷啓輔教授による江戸時代の「根担保取引」研究の批判的検証を通して江戸時代から明治時代の商民法典編纂期にかけての根抵当の起源を探る各論的研究を志したものである。

井ヶ田先生のご指導で、当初から方法論として注意していたはずのことは、普遍性を標榜する近代大陸法の概念を基準に判断するのではなく、日本の史料に忠実に、その時代の日本人の考え方、捉え方をそのまま把握することであった。例えば、本書に登場する家質根証文においても、家質の設定方式において一部「譲渡担保」を髣髴とさせるような事例もなかったわけではないが（25～26頁）、登記制度や所有権という概念のなかった時代なので、そういう分析はやめておいた。類似のことはイギリス法研究についてもあてはまり、例えば、イングランドの契約法（law of contract）の教科書が総論だけで、商事契約を典型例として想定し、不動産売買契約はあまり想定されていないことは、大陸法上の「契約」概念からすれば「おかしい」かもしれないが、不動産取引を conveyance という英語一語で表現し、歴史的にコモンロー裁判所ではなくエクィティ裁判所が管轄してきたために別の独立した法分野として捉えられる傾向があることは、何も「おかしい」ことではない。訴訟手続が実体法のあり方を左右する、それに似たことが、日本の近代化以前の法の分析には発生してくる。

しかし、実際に根証文・根抵当研究を進めていく過程で、近代大陸法概念の呪縛がいかに大きいものであるか、あらためてそれを自覚した次第である。この研究は根証文史料の解読から論文作成の間に二年以上のブランクを経たが、それは常に「未確定債権の担保」という概念をもとに江戸時代の慣行を分析していたために、見えるはずのものが見えず、分析不能に陥っていたためであった。それに気が付いたのは藤原明久教授のご逝去で、頂いていた文献を再び読み返したときであった。

最後に、二〇一二年夏、森永種夫他『寛宝日記と犯科帳』(長崎文献社一九七七年)を読んでいて偶然目に留まった「根目録」に言及のある長崎奉行の御触(現存写本二つ)を長崎歴史文化博物館で確認し7、その性格は商家の根本台帳と考えると合理的に説明できると思われ、そこに継続的取引関係というニュアンスが読み取れるとすれば、江戸時代の商家の会計用語が根証文ひいては明治の根抵当という法律用語につながった可能性を指摘できると思われたので、その仮説について加筆した。従って、本書は根抵当の起源について、根目録と根証文の二つの仮説を提示することになる。

1 司法省編纂、瀧本誠一校閲『日本商事慣例類集』(東京、白東社一九三二年)三五八頁。
2 河村哲夫『天を翔けた男~西海の豪商石本平兵衛』(福岡、梓書院二〇〇七年)一四六~一五〇頁。
3 二〇〇八年五月、九州大学において石本家文書を調べているときに偶然お会いし、お話を伺った。
4 日本古文書学会編『日本古文書学論集一三・近世Ⅲ近世の私文書』(東京、吉川弘文館一九八七年)一二〇~一六三頁。
5 同上、二二六~二三七頁。
6 谷啓輔「総合口座取引における貸越〈2〉」手形研究(一九七四年)一八巻二一四号三一~三七頁および『金融約定成立史の研究』(東京、経済法令研究会一九九四年)。
7 県書一三・三四、市博文書資料一一〇・七一・一。

第一章　江戸時代の長崎貿易における家質根証文

ここでは石井良助「家質の研究」（日本古文書学論集一三吉川弘文館一九八七年再録）をもとに、江戸時代の「家質」（「かじち」または「いえじち」）について、基本的なところを整理したい。

（1）家質

家質とは、文字通り、家屋敷を質に入れて金を借りることであるが、天保一三年（一八四二年）の江戸北町奉行遠山左衛門尉景元の言葉を借りれば、「家質金…、畢竟返済不滞ため、手堅規定取極候儀に付、通例之貸金より格別利分歩合相減居候…」すなわち家質を担保にした貸金は、つまるところ返済が確保され、手続的に手堅く債権実行が保障されており、ために利率も通例よりも格別低くなっており、「世上融通」すなわち世間の金融取引上非常に重要な役割を果たしていた（石井一九八七年一五四〜五）[1]。

これは、遠山金四郎景元の書簡の二百年前に生まれた井原西鶴（一六四二年生〜一六九三年没）の諸作品にも表れているとおりで（石井一五一〜二）、家質は、一七世紀後半当時の大坂においても、もっとも「慥成」（タシカナル）担保物件であり、確実であったため利率も低く、経済取引上きわめて重要な地位を占めていた（石井一五一）。家質といっても実際には家屋敷、すなわち土地ごと担保にとられるわけで、家は焼けても土地は残り、債権実行も後述するように手続的に手厚く保障されているので、確実な担保だとされた。

大坂における貸銀の利率について『大阪市史』の史料は、元文年間（一七三六〜一七四一）において質屋の一般利子は年利に換算して二四％、商売繁盛の場合でも一八％、担保のない素銀の年利は一二％から一四・四％、借主の信用が高い場合でも八・四〜九・六％であったのに対して、家質で担保された貸銀は年利が四・二％から四・八％であったとしており（石井一五二）、その利率は格段に低かったことが読み取れる。

明和四年（一七六七年）の家質奥書差配所の設置に関連して大坂町奉行所に提出された書類によれば、当時、家質は通常親族知人の間で融通してもらうのが普通であったらしく（石井一五四）、江戸においても庶民の間の大きな貸付においては家質が担保に取られたといって差し支えないという（石井一五四）。

ただし家質の設定形式にはいろいろあり、石井論文によれば、時代において、そして大坂と江戸において、大きな違いがあった。

まず、大坂では、享保五年一二月一五日（グレゴリオ暦一七二一年一月一二日）の町触以前は、借主が家屋敷の売券証文（沽券状）を貸主に渡し、利息のかわりに、その家を借りたことにして（借家請状を貸主に渡し）家賃を払う形式があったが（石井一二一、一四八）、同年に定式の質物証文（町奉行所の定めた雛形とおりの家質証文）に年寄五人組の加判の上、利息をとる方式へと移行した（石井一二一〜三、一四八）。

これに対し、江戸では、はじめは、大坂の一七二一年の町触以後と同様の、名主五人組の加判と利息付の家質証文の形式と、同時に、大坂の一七二一年の町触以前と類似した、売券証文（ないし譲証文）と（借家請状ならぬ）家守請状を引渡し、宿賃を払う形式が並存していたが、享保一四年一二月（一七三〇年一月一九日以降）に質地に利息をつけることが禁止された結果[2]、後者の沽券状・家守請状・宿賃方式に一本化されることになった（石井一三四～五）。この方式だと、担保なのか売買なのか分からない点があったためであろう、そののち沽券状に五人組が連印し印封して名主方に渡す方式へと変わった（石井一三五～六）が、名主が沽券状を転売する濫用があったためにさらに方式が変わり、最終的に天保一三年一一月一三日（一八四二年）の町触[3]で、定式（町奉行所の定めた雛形とおり）の家質証文を貸主に渡し、さらに沽券状を名主が立会のもと印封して貸主に渡して、貸主から借主へ定式の沽券状預状を渡し、宿賃をとる形式が成立した（石井一四一～三）。

江戸では、享保一四年一二月（一七三〇年）の変法以来、「家質」に利息をつけると、「書入」扱いとなり、債権実行にあたって手続的に大きく不利となった。具体的には、奉行所が債務者に日切弁済を命じ、債務者と年寄五人組連判の日切手形を債権者に交付させた後、「日切」内に完済がない場合、「書入」であれば、債務者が日切内に債務額の過半でも弁済するとさらに「日限」までに残額の弁済が命じられ、もし「日切」内に債務額の過半の弁済がない場合は、三〇日間の押込めに処し、その間に完済がない場合にはじめて「身代限」の処分に及んだ[4]。しかし、「家質」であれば、日切内に弁済がなければ、奉行所はただちに質入されている家屋敷の「帳切」（公役・町役の賦課のための台帳となった一種の不動産地籍図であった「水帳」に名義人の異動の付箋を添付[5]）を行うよう命じ、これを債権者に引渡すよう命じた（石井一二八～一二九）。すなわち、弁済の猶予期間を設けることなく、ただちに水帳上の名義人の変更（帳切）を命じ、質地の処分を許したと見られる。

この違いは非常に大きいが、大坂では、家質に利息をつけても、あくまでも「家質」として扱われ、手続的な不利なく、幕末に至った（石井一二六、一四三）。なお、天保一三年一一月一三日（一八四二年）の江戸の町触以前のことではあるが、江戸では質入において帳切が行われたが、大坂では帳切は（債権実行まで）行われなかったということも原因の一つかもしれない（石井一二五～六）。

ちなみに『公裁録』などに記されている「すべて利息のついている分は金公事」[6]という江戸時代の訴訟（出入物）の振り分け方法について、少なくともその逆（金公事はすべて利息付）は真ならず、むしろ利息のつかない売掛金[7]こそ金公事の筆頭であったこと[8]、そして売掛金の出訴要件として、利息のつく借金と同様に、書証が必要とされたことに注目すると、「金公事」概念の発生（すなわち金公事と本公事の分化）はこの出訴要件にあったと見るべきである[9]。そう考えると、大坂の家質（質地は本公事の筆頭[10]）が利息つきでも本公事で金公事たる書付と区別されたのも、歴史的経緯によるだけでなく、成立要件の厳格な「家質証文」のゆえだったと見ること（石井一二六）も、当時の日本人の発想・着眼点からすれば合理的であろう。

以上のように家質は、債権担保のためにその確実性から低利で市井の金融取引の上で非常に重要な役割を果たし、いろいろな形式があったものの、大坂には一七二一年制定の家質証文の町奉行所雛形、江戸には一八四二年制定の家質証文の町奉行所雛形があった。

(2) 長崎貿易のあり方

さて、長崎では、「唐《から》阿蘭陀《おらんだ》（ないし紅毛）荷物入札商売」（後述するように、長崎会所が中国等からの来航船やオランダ商館から輸入した商品の国内商人への入札売却）への参加希望者に課された諸条件の中に、「家質根証文」というものがあった。これは、一体どのような機能を果たしたのであろうか？

そこで、まず長崎貿易のあり方について、主に太田勝也『鎖国時代長崎貿易史の研究』（京都、思文閣出版一九九二年）をもとに振り返ってみる。

長崎における輸入のあり方は鎖国以降、正徳五年一月（一七一五年）の正徳新令まで数度の変革を経て確立された。まず鎖国当初の「糸割符仕法」、すなわち堺、京都、長崎（寛永年間に大坂、江戸が加わって五ヶ所）の白糸輸入独占資格を持つ糸割符商人の代表者、糸割符年寄が唐船《からふね》（中国、ベトナム、カンボジア、シャム等からの来航船の総称）やオランダ商館と交渉した値段で白糸（生糸より狭い概念）を一括して輸入し、糸割符仲間から日本全国の糸屋や絹織物業者へ売却し、白糸の独占一括輸入が終わったあとに、他の輸入商品が個別商人に売却される体制があった（太田三二〜三五）。

この体制は明暦元年四月（一六五五年）に廃止され、「相対売買法」、つまり白糸の独占一括輸入方式が廃止され、白糸も他の商品（一旦蔵入される）と同様、唐船の場合は「直組」（直接折衝で値段をつける）、オランダ商館の場合は入札で、各商人が個々に輸入する体制となった（太田八九）。

しかし、金銀の海外流出が深刻化し、寛文一一年一一月（一六七一年）以来、これに歯止めをかけるために、「貨物市法」が三段階の実験を経ながら整えられた。それは、輸入貨物の品目ごとに目利（めきき）が入札し、それぞれの入札額を記した帳面が奉行所に提出され、そこで入札額の半額を基準に輸入原価が決定され、この原価をもって唐船・オランダ商館と折衝して輸入契約を締結（締結できない場合は積み戻り）、次に、こうして輸入された商品を貨物市法会所が日本各地から集まった入札資格（「株」）を持つ商人（「貨物引請人」）に入札によって売却するといった方式であった（太田一八五）。長崎の町日行事か何かの小吏の筆と思われる『寛宝日記』からこれを敷衍すると、貿易は船が来日してから離日するまでの数ヵ月のうちに行われ、来航後初めに輸入契約が結ばれて会所で国内商人に入札させ、原則として五〇日後、国内各地での売却益のうちから入札価格が会所に支払われ、会所が輸出入価格を決済し船が離日する形であったらしい。高額商品の引渡から支払まで五〇日もあるとなれば、何等かの支払保証が求められるのは必然と言わなければならない。実際、ときどき上方での売れ行きが伸びず（森永一八七（第三一〇件））、国内売却益では不足が生じる場合、長崎奉行所が立替えて帰船させていたようである（森永一七四～五（同第二五九件）、一八五～六（同第三〇四件））。そのため国内入札商人は一定の信用、たとえば過去の取引実績、持参銀など何らかの担保ないし保証を求められることになったと思われる。

貞享元年一二月（一六八五年一月五日以降）、糸割符仲間が復活され、基本的には貨物市法が廃されて再び相対売買に戻り、ただ生糸一般（白糸に限定されない）に関して糸割符仲間の独占購入が復活した（太田二七〇）。

そして翌貞享二年八月（一六八五年八月三〇日以降）、年間貿易額の上限を定め、それ以上の輸入を禁止する「御定高制度」が導入された。この制度は、その後、御定高の変遷はあるものの、幕末まで長崎貿易に適用された（太田二七九）。この制度のもとでは、毎年の貿易額は、唐船銀高六千貫目（約三八〇億三五八〇万円～換算法viii頁）、オランダ商館金高五万両（約一五八億四八二五万円）までを限度額（御定高）とし、とくに生糸の輸入（糸割符の分）については、そのうち三分の一が割り当てられていた（太田二九七～八）。

そして、元禄一〇年八月令（一六九七年）にもとづき元禄一〇年一二月一八日（一六九八年一月二九日）に、その名称の如何を別として、設置されたと見られる長崎会所（太田三九八～九）における輸入取引のやり方を見ると、唐船についてもオランダ商館についても、

「目利のつけた輸入価格に基づいて、輸入原価が決められ、その貨物が長崎会所を通して、入札法で国内の輸入商人へと売却されていく仕組みであり、この過程で長崎会所は中間利益と掛り物による利益を得」た（太田四三〇）。

実は、輸入原価の決定方法については、この指値方式から入札方式に転換し、また指値方式へ戻るなど時代によっ

て変遷するが、要するに、長崎会所が一括して輸入したものを、長崎会所から日本各地の商人が入札によって購入するという二段階の基本構造（貨物市法時代にも見られた構造）は幕末まで変わらなかった。

以下に一次史料をもとに検討する家質根証文は、まさに輸入の第二段階、すなわち、長崎会所が一括購入した輸入品を国内各地から集まった商人に入札法により売りさばく文脈において登場する。

ちなみに長崎貿易制度の最後の改革、正徳五年一月一五日（一七一五年）の正徳新令は、多岐にわたるものの、基本的に御定高（年間貿易上限額）の縮小と、唐船に割賦を発給し、割賦をもって来航した唐船については積戻をさせることなく全部購入し、割賦を持たない唐船とは一切貿易しないことにすることで、抜け荷、密貿易を防止することに主目的があったようで、本稿の主題に関係する改革ではなかったと思われる（太田六二四〜七）。

（3）長崎輸入商品の入札における家質根証文

さて、長崎輸入商品の国内競売（入札商売）における家質根証文の機能を伺うための基本史料としては『大意書』（本庄榮治郎他編『近世社会経済叢書』第七巻改造社一九二六年所収）と『長崎会所五冊物』（長崎県史、史料編第四、吉川弘文館一九六五年所収）がある。ほかに三井文庫の長崎貿易関係史料や九州大学附属図書館九州文化史資料部門所蔵の石本文書などの古文書も同様に重要である。

（イ）大意書

『大意書』は、『近世社会経済叢書』第七巻の解題にはその成立時期は示されていないものの、内容から、宝暦元年（一七五一年）から安永三年（一七七四年）の間の長崎貿易に関係する統計資料（巻三から巻六の見出しの中に現れる年号の最大幅）が収められ、後述する『長崎五冊物』に出てくる宝暦一三年（一七六三年）の変法前および天明五年（一七八五年）の変法後の規定（本書18頁）について言及がないことから、根証文についても宝暦一三年（一七六三年）から安永三年（一七七四年）の慣行が記されていると見てよいであろう。

本書では、とくに巻十（上）『五ヶ所商人唐阿蘭陀商売方取斗大意書』および同（下）『五ヶ所商人共根証文取斗方大意書』から読み取れる根証文の機能を分析する。ここで「大意」とは「あらまし」、「概略」ほどの意味と思われる。実は、五ヶ所、京都、堺、江戸、大坂、長崎でそれぞれやり方が微妙に違っていたことが読み取れるが、中心的な部分は次の通りである。

すなわち、五ヶ所の町人で長崎における唐船・オランダ商館の商品の入札商売に参加する資格（株）を得ようとする者は、各ヶ所それぞれの仕来りに従って家屋敷・店舗数箇所を家質根証文に提供し、その売却予想価格をもって根証文の銀高に設定し、これを入札限度額として、入札商売の資格（株）を得た[11]。ちなみに、京都では糸割符宿老が家質根証文の設定を含めてすべてを取り仕切り許可を出していたが[12]、堺、大坂、長崎ヶ所では奉行所（御役所）が家質根証文などの設定に関与して許可を下していた。江戸では出願だけして実際の取引はしなかった例一件のみであったが、その宝暦元年（一七五一年）当時は江戸町年寄三人が許可したとある[13]。京都と江戸（初期のみ）の例に鑑みると、堺、大坂、長崎での奉行所（御公儀）の関与は後で発生したものかもしれない。そしてこれを跳ね除けたと見える京都の糸割符宿老の自治権は比較的強かったように見える。

【こぼれ話】

生糸・絹織物工業を基盤とした自治都市としての京都を象徴する祇園祭を見てみると、下京を構成する町々のそれぞれの山鉾が豪華絢爛たる絹織物や外国産の織物類[14]を飾り付けて町の威信を誇示し合う中で、函谷鉾（函谷鉾町は四条烏丸西入で後に鴻池が進出した町）が欧州ゴブラン織の聖書のタペストリーを、キリシタン禁教令の時代に入っても、そのまま正面の「前懸」として掲げ続けてきた事実は、素人目には何の絵かよく分からず、神仏習合の牛頭天王の前での御霊会におけることとは言え、京都の自治について後から出てきた江戸の御公儀の介入の程度をよく物語る逸話なのかもしれない。

しかし、京都の自治組織（民）も次第にお上（官）の下請化していったことは云うまでもない。

なお、長崎会所における入札は、現代の築地の魚のせりや、絵画のオークションなどとはやや違って、商品ごとに入札用の紙袋を長崎会所の柱か付鴨居か何かに一定期間かけておいて、入札前から公示されてきた商品情報（まず唐船・オランダ船の長崎入港時に通訳を経て作成された「積荷物帳」が飛脚により大坂へ送られて大坂唐物相場がつき、次に長崎会所の検査ののち、商人たちに各商品の見本が見せられた[15]）にもとづいて各商人が値踏みした札を封じて袋に入れ、解封に先立ち、もう一度係員から各商人に声をかけて再度の掛け引きを行い、それから解封し、落札（おちふだ）、二番札、三番札までを記録し、年番の町年寄が奉行所に届け出た[16]。このとき、入札額があらかじめ提出されている各商人の家質根証文の銀高を超える場合は拒絶された[17]。ただし、根証文所定の銀高を超える入札を希望する場合は、あらかじめその分の担保ないし保証人をつけておけば許されたらしい[18]。

（ロ）長崎五冊物

『長崎五冊物』は、寛政三年（一七九一年）の貿易仕法改正に基づく長崎会所の会計の明細を御公儀勘定方へ報告した書類と思われ、とくに二冊目『唐船商売荷物元払等大意訳書』と三冊目『阿蘭陀方商売荷物元払等大意訳書』を、

『長崎県史・史料編第四』（東京、吉川弘文館一九八四年）に翻刻されている状態のもので見る。『長崎五冊物』の成立年代は寛政年間（とくに一七九三〜九六年）と見られるが、その後、天保一三年（一八四二年）くらいまで加筆されている[19]。この『長崎五冊物』は、家質根証文について債務不履行の場合の規定の歴史的沿革および仔細が『大意書』より詳しい。

まず『大意書』の明和二年（一七六五年）の長崎奉行の達の記述から見ると、落札代銀の支払いは、長崎会所が入札公示前にあらかじめ長崎会所取立分と大坂銅座取立分を分けて公示し、それに従い、長崎取立分は、落札後、荷渡のあった翌日から五〇日以内、大坂取立分は三〇日以内に定められており、この通り納銀がない場合は、二〇日間の猶予期間を与えられたが、これを一日でも過ぎるとその次の入札一回分を許さず、当初の納付期限から五〇日を過ぎると根証文で家質にとった物件を売却させ、それで不足の場合は、各ヶ所の糸割符宿老が不足分を保証して支払うという決まりであった[20]。なお、債務不履行の場合、長崎会所における債権回収は、根証文で質にとった家屋敷の売却にとどまらず、最終的に該当ヶ所の宿老が支払うことになっていたものの、その詳細は四ヶ所ごとに手続や範囲が微妙に異なっていたように見え、例えば京都と長崎では第三者に対する売掛金債権まで回収すると明記されているのに[21]、それに相当する記述が堺と大坂には見られない[22]。

『長崎五冊物』によると、一方、長崎取立分は、元来、荷渡「当日」より三〇日以内の納銀の定めであったが、宝暦一三年（一七六三年）から、荷渡「当日」より五〇日以内に緩められ、七〇日目までに皆納のない場合は次回の入札を許さず[23]、百日目までに支払いがない場合は、根証文で質入させた家屋敷その他の家財などを没収、入札資格を剥奪、根証文とおりの担保がない場合は、身元のヶ所の宿老が保証して不足分を納める規定であった、としている[24]。

また、大坂取立分については、元来は、落札後に、各商人の落札高に応じて大坂支払い分の「割合目録」と「添状」を長崎会所に提出させ、それらを大坂銅座へ送った日から三〇日以内に支払いの定めとなっていたが、天明五年（一七八五年）以来、長崎・大坂ともに荷渡の「翌日」から五〇日以内の支払いに改められたとある[25]。

宝暦と天明の間の「長崎取立分は荷渡翌日から五〇日以内、大坂取立分は三〇日以内」という違いは、長崎の地元商人の規模が上方商人よりも小さかったこと（太田一八一頁）、つまり上方商人の方が大手で上方では現地直売に近い長崎と違って重層的な中間流通機構が出来上がっていたと考えられることから説明可能で、原則としてどちらも落札商品を売却してから支払う方式であったと考えられる。ただし、その一方で、『大意書』によれば規定どおりの落札代銀の支払いがない限り、落札商品を長崎から津出（搬出）することは原則として難しいとされ[26]、落札代銀を長崎会所に「預け置いて」から搬出する規定であると念が押されていた[27]。荷渡後の取立規定と津出（搬出）前支払規定は一見矛盾するが、荷渡と津出は区別できたのかもしれず、とくに津出「預」銀は念のための保証銀で、後日の取立で間に合えば、預銀はそのまま次回に利用できる方式であったと考えると、後述の変法（三〇～三三頁）の背景として合理性がある。

（八）家質根証文の諸機能

入札株取得のためにあらかじめ提出を義務付けられていた家質根証文は、以上の入札商売の脈絡から判断して、入札に参加すれば、落札商品の引渡をうけ、その商品を売却してから代価を支払うことになるので、入札前にまず一応の支払能力を証明する機能を果たしていた。仮に自由競争入札だったとすれば、それは将来の未確定の落札価格を念のため予め担保する機能を有していたと解釈することも可能であろう。なお、取引の範囲は長崎会所が一括して輸入した商品の入札取引だったとみられるが、とくに京都箇所の根証文の場合は、毎年二月（つまり来航船のない冬）に見直して新たな根証文に書き換えたというので[28]、その期間は入札一年分に限定されていたように見える。この点は現代の根担保とはやや異なる。ただし、他の箇所については、毎年の見直し書き替え規定は見られない。

しかし、家質根証文の機能は、それだけではなかった。

『大意書』によると京都では質入れされる家屋敷数ヶ所の「払銀高」即ち売却推定価格合計を根証文の価格とするとあるが[29]、堺では「一と割商売銀高」いくらと定めた根証文を（奉行所に）保管するとある[30]。「一と割商売銀高」を「商売の割付銀高」と解すれば、大坂の奉行所で取り決めたという根証文の「身元引当銀高」とは[31]、入札商売における入札の一応の最高限度額をあらわしていたと思われる。この点、長崎の項では「株」という面白い表現があるので[32]、やや時代をさかのぼって長崎貿易の「貨物市法」（一六七一〜一六八四年）を見てみると、「株高」というものがあり、これは市法会所が一括輸入した商品の入札商売をする資格（「株」）を得た商人の取引限度額（「高」）を指し、これはまた「分限高」、「割付高」とも称され、輸入額の増加を防ぎ、同時に輸入品の国内流通の偏りを防止する対策として講じられていたらしい（太田一七九、二五九、二六七）。

たしかに、『大意書』の記述は「貨物市法」時代から約百年後（一七五一〜一七七四年）のもので、「御定高」時代であったが、基本的な貿易の二段階構造（会所が一括して輸入した商品を国内の個別商人に入札で売りさばく構造）は共有されており、また「御定高」（毎年の輸入総額の上限）制度そのものの目的も、貨物市法当時と共有されているので、御定高時代の根証文の銀高も、貨物市法時代の「株高」、「分限高」、「割付高」と基本的に同じ機能を持っていたと考えてよいであろう。実際、『長崎五冊物』では根証文銀高を「身元高」と表現しており[33]、意味的に「分限高」に近く、三井文庫長崎貿易関係史料、本一六六九 - 六「御免根証文支配人名前帳」（天保一〇年六月〔一八三九年〕、三井大坂本店作成、京本店所蔵）には「御免高」つまり許可額（「株高」のニュアンスに近い）という表現も見える。

つまり根証文の機能は、入札商売参加許可要件としての一応の信用証明機能と同時に、「御免高」つまり自由競争というよりはカルテル的な買付限度額ないし割付額の表示も兼ねていたと思われる。

(4) 家質根証文の起源

ここで、長崎会所輸入品の国内入札取引における家質根証文の起源について、若干の考察を行いたい。

中田薫博士は「将来債権担保」という近代法的な視点から、すでに鎌倉・室町時代の年貢徴収請負契約の中で、将来万一発生するかもしれない「年貢未進」や「違乱出来」など、原因はともかく、年貢不払いの場合の代納債務の担保に住屋(スミヤ)や私相伝の田地などを質入していた実例を挙げていて[34]、類似の史料は枚挙にいとまがない(図1)[35]。しかし、これらが当時から「根証文」と呼ばれたという史料は存在しない。

ただし、長崎会所における入札商売のための家質根証文が、そのような鎌倉・室町時代にすでにあった実例とよく似た「万一発生するかもしれない」落札代銀不払いの担保機能を有していたことは、これまで分析してきたとおりである。

なお中田博士の引用した東寺百合文書の実例などでは担保に質入した不動産の「目録」が別紙に添付されていたことが読み取れる[36]。実は、たとえば江戸時代に「浦証文」と呼ばれたものは、嵐に遭遇した船が難破しないように積荷の一分または全部を海上に投棄(荷打)したあと、入港後、浦役人が船中を検査して残存荷物および船具の現在目録を作成したが、この目録のことを指していた[37]。つまり「証文」とは、「契約証書」よりも広い意味があり、字義どおり、公的に何事かを証明する文書程度の意味であり、「手形」とも「状」とも「切手」とも呼ばれたようである

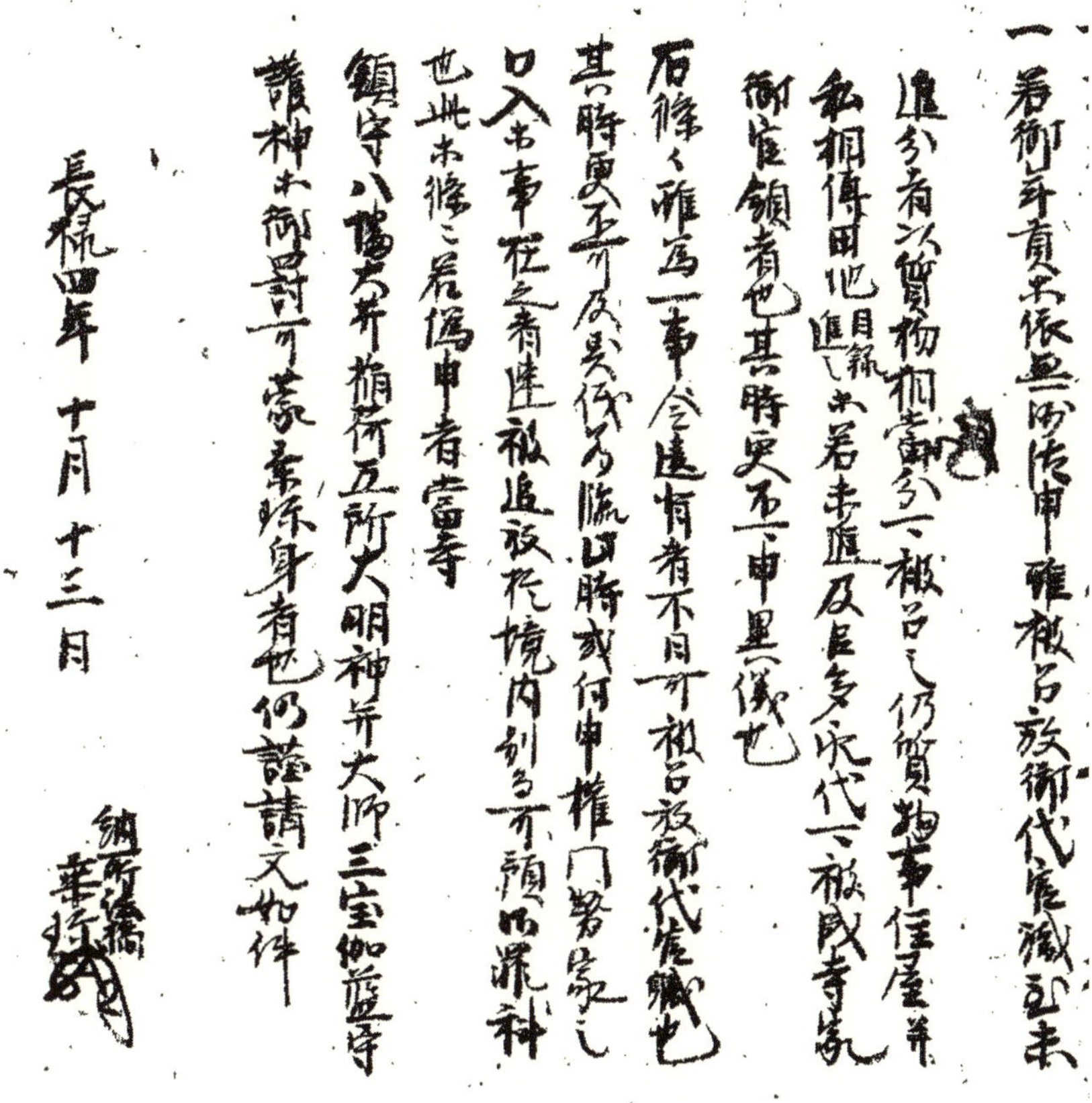

図 1　東寺百合文書セ 49『若狭国太良庄領家方代官乗珎請文』
長禄四年（1460 年）、京都府立総合資料館蔵

38。中身が目録に近いものであったことも多かったようである。今のところ長崎会所における入札商売用のための家質根証文そのものの実例は見当たらないが、たとえば後述（56頁）する「慶応四年四月」（一八六八年）付の足立程十郎「差出申家屋舗根証文之事」39は、まさに万一の担保に提供された家屋敷計五ヶ所の目録であった（図2）。ちなみに『大意書』によると、京都では、糸割符宿老が入札株申請人の町内住所と持ち家などを見分し、家質根証文に提供する家屋敷や店舗は何ヶ所かを決定し、その仮の売却価格総額を根証文の価格に設定したとあり、不動産の目録がついていたと思われる40。

さて、「根証文」という言葉が登場する現存する最も古い文書と考えられるのが上記の『大意書』である。その記録は宝暦一三年（一七六三年）から安永三年（一七七四年）頃を中心としている。それ以前は、いつまで遡るか考えてみると、ヒントとなるのは『大意書』の時代の長崎貿易のあり方と基本的構造の似た貨物市法の行われた寛文一一年一一月（一六七一年）から貞享元年一二月（一六八五年）までの時代である。

この貨物市法時代の入札株の「株高」の決め方について、中村質説は『近世長崎貿易史の研究』において過去五年間の取引実績を吟味して決めるやり方と「資産」を吟味して決めるやり方の二通りのやり方があったとしている（中村二九三〜四）。「資産」という言葉は入札商売参加のための『大意書』の記述、つまり家質根証文を髣髴とさせる。しかし、これについて、太田勝也説は、過去五年以上継続して長崎貿易に携わった実績のない商人については、『長崎記』の記述とそこに添付されている「所持銀之目録」を見る限り、「資産」というよりも「所持銀高」にもとづいて、それぞれ株高を決めたと考えるべきだと結論している（太田二六〇）。曰く、

「この調査の時（寛文一二年、一六七二年頃）長崎に居て、その者が所持していた銀高と解するべきである。長崎に集まっている諸国商人個々の「資産」の吟味は、おいそれとできることではなかった、と考えられる」（太田

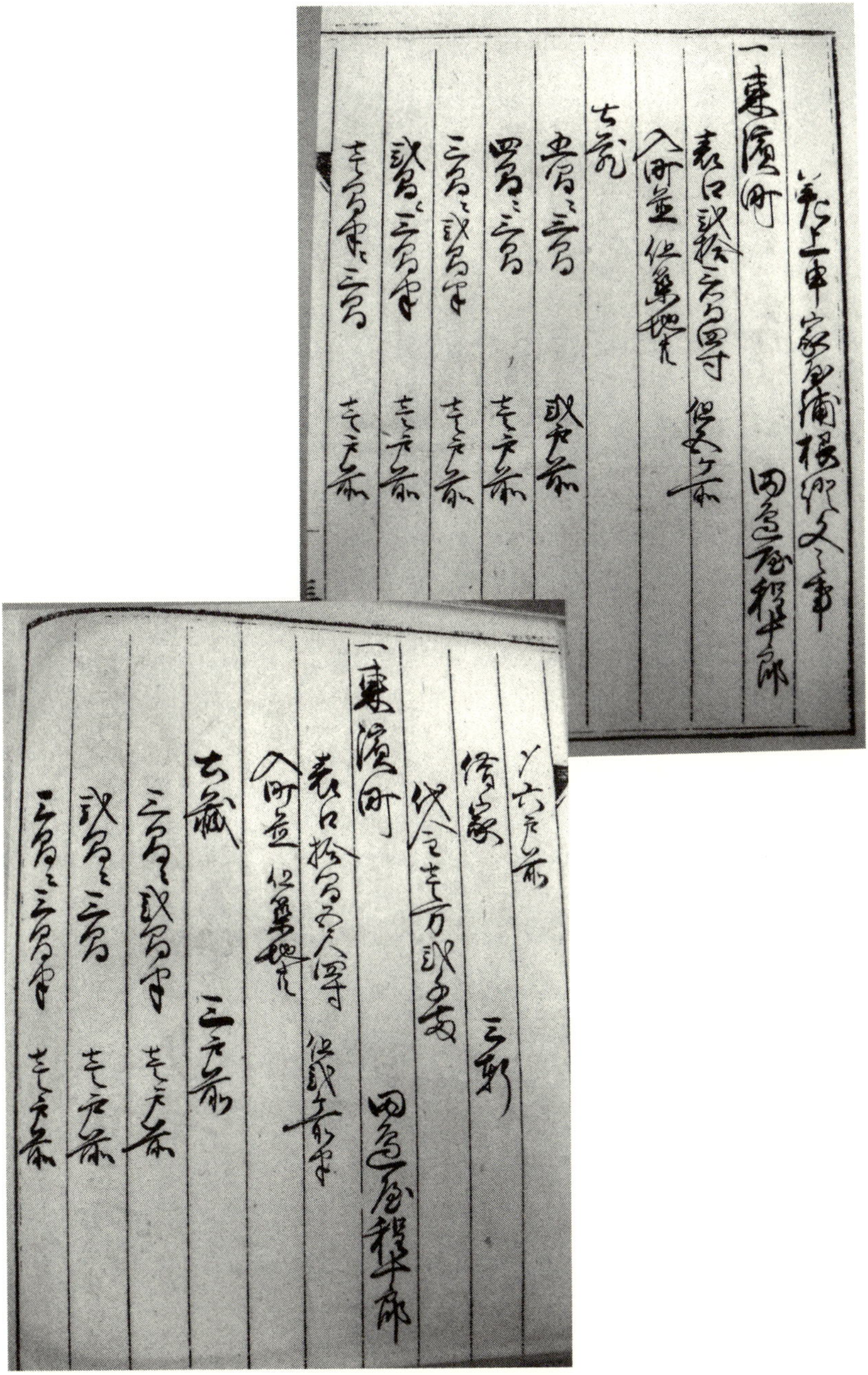

図２　根証文の実例、『足立程十郎人参販売一件書類』長崎歴史文化博物館蔵

二六〇）。

太田教授による『長崎記』からのこの推論について、本書はその推論を直接覆すだけの史料、たとえば貨物市法時代の家質根証文の実例は発見していない。この点の分析は、実は、根証文がいつまでさかのぼるかという興味深い点に直結するのであるが、後世のさらなる研究に期待したい。ただし、少なくとも『大意書』の記録する時代には京都では家質の仮想売買価格を算定して根証文に記していたことが明らかであって[41]、中村説を完全に否定してそういう慣行が貨物市法時代まで遡らないと断定すべき証拠もない（本書83―84頁も参照のこと）。長崎入札商売の実績が薄い商人には現銀の所持が要求されたことは、単に、家質の仮想売買価格の証明書（根証文）よりも現銀の方が確実であったからとも説明でき、古参の商人の場合は「おいそれとできることではない」というよりも、現銀より間接的な家質仮想売買価格証明で「構わない」と逆に解釈することも可能である。前述の荷渡後の代銀取立規定と、津出前の預銀支払規定の一見した矛盾も（18頁）、この新参古参二種類の商人の存在から説明できるかも知れない。

仮に家質根証文が貨物市法時代まで遡らないとすると、家質根証文は、長崎会所が設立された元禄一〇年一二月一八日（グレゴリオ暦一六九八年一月二九日）以降に発生したということになる。

そして、大坂においてではあるが、家質の設定方法として、家屋敷の売券（所有権の証明機能を持っていたといえよう）そのものを質入するやり方を改め、町奉行所が作成した雛形にならって「家質証文」というものを作成交付するやり方に変ったのは、享保五年一二月一五日（一七二一年一月一二日）のことであった（石井一二二）。従って、家質根証文という家質証文の特殊類型を、少なくとも長崎会所が正式に要求するようになったのは、おそらく大坂の享保五年一二月一五日の変法よりも後のことだったのではないかと推測できる。ちなみに石井良助論文によると、大坂における享保五年一二月一五日の変法後に「家質証文」を単なる「書入」と区別できた特徴は「家質証文」上の町年寄五人組の連判であったというが（石井一一六）、実は、この特徴が『大意書』の大坂の家質根証文の設定においても見受けられる。すなわち、大坂町奉行所の月番へ申し出て、家質根証文の銀高を定め、本人、組合ならびに町年寄、月行事が連判して、宿老たちがこれを保管すること[42]が定められていた。家質「根」証文の場合、債権者が御公儀（長崎会所）であったためか、家質証文の要件に加えて、大坂町奉行所が家質根証文の銀高の設定を含めて、その作成に直接関与した。ただし『大意書』は他の箇所についてはここまで細かい要件は記録していない。

そこで『大意書』の長崎の項を見てみると、長崎では、申請人の「居町乙名組頭より家質根証文家屋敷売券積りを以請合宿老共取置」（居所の町オトナ組頭より家質根証文家屋敷売券積りをもって保証し宿老どもが保管し）とあり、債務不履行の場合は「町々請合之町乙名より根証文之家屋鋪売払せ、売券請合高乙名共引請相納」（各町で保証人になっている町オトナより根証文の家屋敷を売却させ、売券保証額をオトナどもが引き受けて納入する）とある[43]。実は、『大意書』の中で「売券」が出てくるのは五ヶ所のうち大坂と長崎だけである。大坂では申請人の身元と根証文に提供すべき家屋敷の確認のために、その家屋敷の売券（沽券状）を点検したようだが[44]、長崎では「家質根証文」そのものが「家屋敷売券つもり」と併置されている。そして京都において「家屋敷の仮の売却代銀高をもって根証文の銀高を定め」[45]と表現されている部分が長崎では「売券請合高」と表現されている。以上の点に鑑みると、『大意書』の当時、長崎では「家質根証文」と称して実際には「家屋敷売券つもり」すなわち一種の停止条件付の売買契約書が作成されていたといえるかもしれない。つまり家屋敷の売券を町オトナを通して宿老に質入れするというより、停止条件付で町オトナに売り、宿老がその売買契約書を保管するというように読むこともできそうである。仮にそうだとすると、『大意書』の記録する時代（一七六三〜一七七四年）の長崎では、家質について、享保五年一二月一五日（一七二一年一月一二日）以降の大坂のように「家質証文」を作成するのではなく、停止条件付売買契約の形式を踏んでいたと思われる。

さて、以上のことは、家質根証文が享保五年一二月一五日（一七二一年一月一二日）の大坂における変法後に大坂で生まれたという解釈を指示するだろうか？そうかもしれないが、単に大坂の家質証文方式とは別の家質設定方式が他の箇所では存在したというだけで、家質根証文の発生年代の特定にはつながらないというべきかもしれない。

1 日本財政経済史料第六巻八九八頁。
2 徳川禁令考後聚第二帙三二〇頁、借金銀裁許具合。
3 徳川禁令考後聚第二帙五六一頁。
4 金田平一郎「徳川時代の特別民事訴訟法（一）」国家学会雑誌四三巻九号一〇三頁」。
5 中埜喜雄「大阪町人相続の研究」嵯峨野書院一九七七年四頁。
6 例えば松前藩士増田幹通手記の「公裁録」（一九二九年筆写・北海道大学附属図書館請求番号「道写本三九五（一）」）の「訴状糺方之部」「一、本公事金公事差別之事」「本公事」の項で、「質地」を筆頭に本公事となる個別項目を列記したあとに「都而利足附候分者金公事取捌也」とある。ただし歴史的には「金公事」概念が先に出来て、それ以外を「本公事」と類別するようになったことにつき、神保文夫「江戸幕府出入筋の裁判における本公事・金公事の分化について」法制史研究四五（一九九五年）一頁、とくに六頁を参照のこと。
7 ちなみに江戸時代、手続法と実体法の区別はなく、これは売掛金の支払い請求でもあり売掛金という債権でもあった。
8 前掲、「公裁録」、「都而利足附候分者金公事取捌也」の次の見開頁が「金公事」の項で、その最初に「売掛金」とある。ちなみに質地は本公事筆頭。
9 神保一九九五年一七頁。
10 前掲、「公裁録」訴状糺方之部、一、本公事金公事差別之事、本公事。
11 本庄榮治郎他編『近世社会経済叢書』第七巻（東京、改造社一九二六年）二二五～二二八頁（『大意書』巻十（下）「五ヶ所商人共根証文取斗方大意書」）。
12 『大意書』第十（下）一「京都町人長崎唐阿蘭陀荷物入札商売相願候節取斗之事」…「依之前々より京都新商人願に付京

都御役所江申立候儀無御座、京ヶ所之儀者前々より宿老共差配に而新商人申付候趣に御座候」（本庄二一二五）。

13 『大意書』巻十（下）三「江戸町人長崎唐阿蘭陀荷物入札商売仕度旨相願候者は前々は有之候哉難相知、宝暦元未年江戸住居之者壱人長崎江罷越、唐阿蘭陀荷物入札商売仕度段、於江戸表願出候故、其節者江戸町三年寄方に而身元并所持家屋鋪根証文等吟味仕、慥成者に付、江戸掛り商人に申付、当地江罷越候上当地詰之宿老相届入札商売申付候得共、其後仕当に難引合哉、一と割茂商売不仕帰府仕候。其後於江戸表願出候者無之…」（本庄二一二六～七）。

14 たとえば鯉山（鯉山町は室町通六角下ル）のギリシャ古典イーリアスを画題にしたブリュッセル産のタペストリーが有名であるが、外国産の例は他にも沢山あったと思われる。

15 『大意書』巻十（上）「五ヶ所商人唐阿蘭陀商売方取斗大意書」一～六（本庄二一一六～二一一九）。

16 『大意書』巻十（上）七～八（本庄二一一九）。

17 『大意書』巻十（上）八但書（本庄二一二〇）。

18 『大意書』巻十（下）一（京）「且又右根証文銀高に打越入札荷物買請候節者、其時々引当根証文之外差出させ、宿老共請合入札致させ申儀に御座候」、二（堺）「尤右根証文銀高之外買銀高相増度願出候商人者、其時々慥成引当宿老共見届候上、入札銀高相増候儀に付、右躰之節茂請負人相立させ宿老共取斗申候」、四（大坂）「且又右根証文銀高に打越見込み代ロ物有之、買高相増候節者、猶又右引当差出させ宿老共入札為致候儀に御座候」、五（長崎）「勿論商売時々銘々根証文銀高より打越見込之品有之、買高相増候節者、別段引当差出させ商売致させ候」（本庄二一二五～二一二八）。

19 長崎県史編纂委員会「長崎県史・史料編第四」（東京、吉川弘文館一九六五年）解題二頁。

20 『大意書』巻十（上）十二（本庄二一二一～二一二二）。

21 京都「未納之商人より向々江売掛等有之分迄御取立に相成」（本庄二一二五）、長崎「本人并組合其外右不納商人より向々江取引有之候向逸々相糺」（本庄二一二八）。

22 『大意書』巻十（下）一、二、四、五（本庄二一二五～二一二八）。

23 「重而商売之節入札被差省」（長崎県史七一）。

24 唐船について長崎県史七一～二、オランダ商館について長崎県史一六四。

25 長崎県史七二。

26 『大意書』巻十（上）十三（本庄二一二三）「前書之通買請代銀上納不相済内は、当表津出し難相成御定」。

27 『大意書』巻十一「堺大坂糸荷廻船取斗大意書」、三「五ヶ所商人共落札致候唐阿蘭陀船商売荷物糸荷廻船へ船積大坂表江差登せ候節取斗方之事」…「右商売荷物商人共銘々落札仕、荷請取候上荷造仕、右に引当り候代銀会所江預け置候上に而、当湊津出し仕候御定に付き（以下略）」（本庄二三一）。

28 『大意書』巻十（下）1（本庄二二五）「依之毎年二月新古商人共一統根証文之家質は夫々宿老共相改、新証文に引替させ申候」。

29 本庄二二五「右屋鋪払代銀を極、右銀高を根証文銀高に相立」。

30 本庄二二六「一と割商売銀高何程と相定根証文取置」。

31 本庄二二七「大坂居町より本人并組合之者身元引当家屋敷其町売券を以相改、大坂町奉行所御月番江申上、家質根証文銀高相極」。

32 本庄二二八「其上一両年茂商売仕、身元丈夫に而買請代銀納方手際宜者に候得者、追而株引分け一手商売仕度願出候節別株に引分け商売致させ候儀に御座候」。

33 「銘々身元高下ニ而家質根証文差出」（長崎県史七一および一六四）。

34 中田薫『法制史論集第二巻』（東京、岩波書店一九三八年）三九一～二頁（寛正六年七月二五日〔一四六五年〕と文明一五年六月一一日〔一四八三年〕の史料における「年貢未進」言及例）および三七〇～一頁（文保三年二月〔一三一九年〕と文明一一年一〇月二〇日〔一四七九年〕の史料における「違乱出来」言及例）。

35 たとえば東寺百合文書セ四九の長禄四年一〇月一三日（一四六〇年）付「太良庄領家方代官乗珎請文」の第一〇条「若御年貢等依無沙汰申雖被召放御代官職至未進分者以質物相当分可被召之仍質物事住屋并私相伝田地（目録進之）等若未進及巨多永代可被成寺家御官領者也、其時更不可申異儀也」。他に延徳三年六月（一四九一年）のものとして東寺百合文書セ五六「若不法懈怠之時雖被召放所務職於収納久者遂結解可致其弁若無沙汰難渋之儀有之者諸名田畠并私之住宅可被押召其時不可一言子細申事」と同セ五七「万一依不法之儀御代官職雖被召放候於収納之地子等者悉可寺納申候若致難渋者以私之住屋并名田等相当分可被押召之事」。

36 東寺百合文書サ一六五（第一二条）、セ四九（第一〇条）、セ五五（第五条）。

37 中田薫『法制史論集第三巻上』（東京、岩波書店一九四三年）二七六頁。

38 中田薫一九四三年二七七頁註（一）参照。

39　長崎歴史文化博物館蔵の県書一四・四六三―三「庶務課庶務係事件簿」中の「足立程十郎人参販売一件書類」の附属書類第一号で、本馬貞夫「会津藩用達足立家について～幕末長崎の人参貿易商～」長崎史談会編『長崎談叢』六九輯（一九八四年一二月）五五頁の中の八六～八八頁に引用されている。

40　『大意書』巻十（下）一（京都）「宿老共町所并所持之家屋鋪等相改、家質根証文に差出候分何ヶ所と相定、右屋鋪払代銀を極、右銀高を根証文銀高に相立」（本庄二二五）。

41　『大意書』巻十（下）一（京都）「…所持之家屋鋪等相改、家質根証文に差出候分何ヶ所と相定、右屋鋪払代銀を極、右銀高を根証文銀高に相立…」（本庄二二五）。

42　『大意書』巻十（下）四「家質根証文銀高相極、本人組合并丁年寄月行司印形宿老共取置」（本庄二二七）。

43　本庄二二八。

44　『大意書』巻十（下）四「…大坂居町より本人并組合之者身元引当家屋敷其町売券を以相改」（本庄二二七）。

45　『大意書』巻十（下）一（京都）「…所持之家屋鋪等相改、家質根証文に差出候分何ヶ所と相定、右屋鋪払代銀を極、右銀高を根証文銀高に相立…」（本庄二二五）。

第二章　江戸時代の長崎貿易におけるその他の根証文

(1) 津出根証文

長崎会所輸入品の入札商売株の取得のために必要とされた家質根証文のほかに、どのような根証文があったのか、まず『長崎五冊物』の分析から始めたい。

『大意書』では落札代銀を支払わない限り落札商品の津出（搬出）は難しいとされていたが、『長崎五冊物』によると、寛政元年（一七八九年頃）より、落札代銀の一分について支払いがあれば、希望により搬出を許可するようになったらしい[1]。そして、文政七年（一八二四年頃）には、入札の翌日、個別の商人ごとの落札高のうち、二割を正銀で先納させ、残りをこれまでの仕来りのとおり根証文を取り決めて商品を長崎から搬出させ、先納銀の納入がない分は搬出を許さないという達が出た[2]。それでもなお延納の傾向が見られたので、天保一〇年（一八三九年頃）、先納銀の件が再度厳しく示達されたとある[3]。

挙句の果て嘉永元年一〇月（一八四八年）、長崎奉行は五ヶ所宿老に対して次のように通達した。

「五ヶ所商人たちの入札商売および根証文津出銀の納入などについて、去年、未年八月（一八四七年）に規則を制定したけれども、なお今後の監督のため、次のように通達する。
一、根証文について、商人達は、落札した商品が上方に到着するしないにかかわらず、たとえ非常天災の場合であっても、根証文提供者が落札代銀を責任をもって支払う規則であるところ、近年いつとなく遵守されなくなり、ついには長期の分割払いを願い出るありさまで、これでは根証文など名ばかりで実がない。つまるところ、非常の場合でも債務不履行がないように一旦根証文を請け合った上は支払い猶予を願い出るべき筋合いはなく、したがって債務不履行の場合には、まず担保の備銀を即座に没収し、それでも不足のある分は根証文提供者にきっと全額支払うように命ずべきことを今回あらためて通達するところであり、そのような場面で、もはや何を願い出ても取り上げることはないことを、よく肝に銘じなさい。以下略[4]」

つまり、以上のことをまとめると、落札荷物の長崎からの搬出段階において、落札代銀の大半（八割）がいまだ支払われておらず、長崎から大坂までは廻船で四日くらいの行程（ただし幕末の計算）であったと思われるので、長崎における荷渡しの翌日から五〇日以内に支払えという規定が実際上意味したところは、上方での売却利益の中から落札代銀を支払えばよいということであったと見受けられる。そして上方への糸荷廻船は、元々抜荷（ヌケニ）防止等のため当初二五艘が御公儀に登録されていたが、『大意書』の当時すでにうち五艘が難破して失われており[5]、武藤文庫（新発見資料）には、堺廻船安吉丸[6]、同大愛丸[7]、同八幡丸[8]の破船例に加えて、天明八年五月（一七八八年）に京屋仁右衛門が海難のため落札代銀の三五年賦を願い出た例[9]が見られ、三井文庫にも三社丸焼失や神刀丸破船により失われた商品代の「仕法納根証文」（つまり割賦支払の担保）について言及があることから明らかなように、「非常天災」のリスクは決して小さくはなかった（図3）[10]。

そうすると、入札株の取得に必要とされた家質根証文そのものが、このような津出後のリスクを担保する機能をも

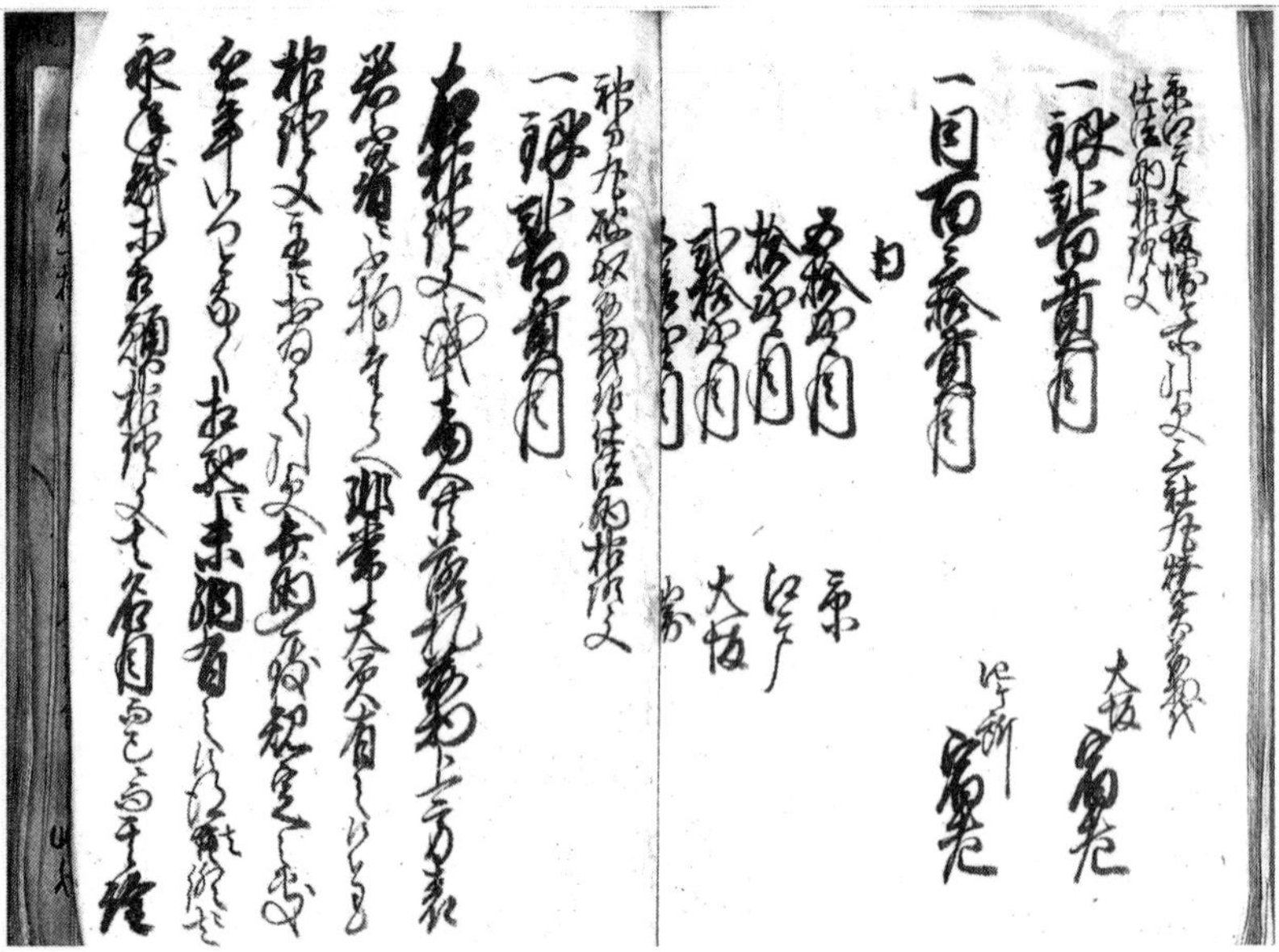

図３　三井文庫、本 1670-3、20 － 21 枚目、「京江戸大坂堺ヶ所引受、三社丸焼失荷物代仕法納根証文・・・右根証文之儀者商人共落札荷物上方表着不着ニ不拘たとへ非常天災有之候とも根証文主におゐて引受弁納可致規定之処・・・」、嘉永元年

果たしたのではないかと思われる。

しかし同時に家質根証文とは別の種類の根証文があったことを示唆する史料もいくつか存在するのである。

まず、九州大学附属図書館付設記録資料館九州文化史資料部門所蔵「石本文書」の中に、文政五年九月（一八二二年）の「上納銀請負根証文之事」という根証文があったことが知られている[11]。これは石本平兵衛（松坂屋辰之進名義）が長崎会所輸入品の入札株を取得するために準備した島原藩の「上納銀請負根証文」で、江戸時代の「請負」という言葉は「保証」を意味したので、上納銀請負根証文とはつまり家質ではなく、あくまでも上納銀の支払い保証人契約の根証文であった[12]。この頃、島原藩は天領天草を御公儀に代って統治し、天草からの年貢米ないしそれに相当する金銀を長崎会所に納入しており、石本平兵衛がその事務を掛屋として代行していたことが、この島原藩による人的保証の背景にあると思われる。掛屋とは諸藩の蔵屋敷で扱う米やその他の物産の売却等を委託された商人で、その仕事柄、石本平兵衛も島原藩に対して何らかの債権を持つことがあったと思われる。

そして、「上納銀請負根証文」の文面に「落札代銀上納の分を期日までに遅滞なく支払うことはもちろん、船の難破や火災その他、どのような変事がありましても、必ず皆納するように致します」[13]とあることから、「落札代銀上納之分」というのは、あとで「皆納」で受けているために最初の「上納之分」とはやはり「先納銀」と見受けられ、船の難破や火災とは、まさに長崎からの搬出後を心配してのことであり、この根証文が「津出根証文」の機能を持っていたことは明白である。ただし、先納銀の割合は、時期的に見て、この史料の二年後の文政七年（一八二四年）に示達されたような「落札代銀の二割」であったかどうかは疑問が残る。

そして、興味深いことに、石本平兵衛は、この根証文を落札商品の搬出段階ではなく、入札株取得の出願段階において準備したのである。実は、石本家文書をその発見時に近い当時に分析した研究は、この根証文こそが、入札株取得のための所定の根証文であるとしている[14]。『大意書』を見ても『長崎五冊物』を見ても、入札株所定の根証文とは、債務不履行の際に売り払うべき家屋敷の質入の根証文であったはずである[15]が、実は、この石本文書以外にも、上納銀支払の保証人を証明する根証文が、家質根証文の代わりになっていたことを示唆する史料があり、それは次のものである（但し上納銀保証が別であった例を示す史料も武藤文庫にある〜図4）[16]。

例えば、先述の嘉永元年一〇月（一八四八年）の長崎奉行から五ヶ所宿老へ当てた一連の通達の続きで、入札番割ごとの落札代銀の二割（上納銀）引受け根証文や、糸荷廻船の破船や火災により失われた落札商品代銀の「仕法納根証文」について、「これまで家質ならびに請合（＝保証）根証文を用いてきた分、本年秋の入札割までは使用しても構わないが、来年の入札一番割からは、家質ならびに請合（保証人）根証文は差し止め、すべて正銀準備の根証文を

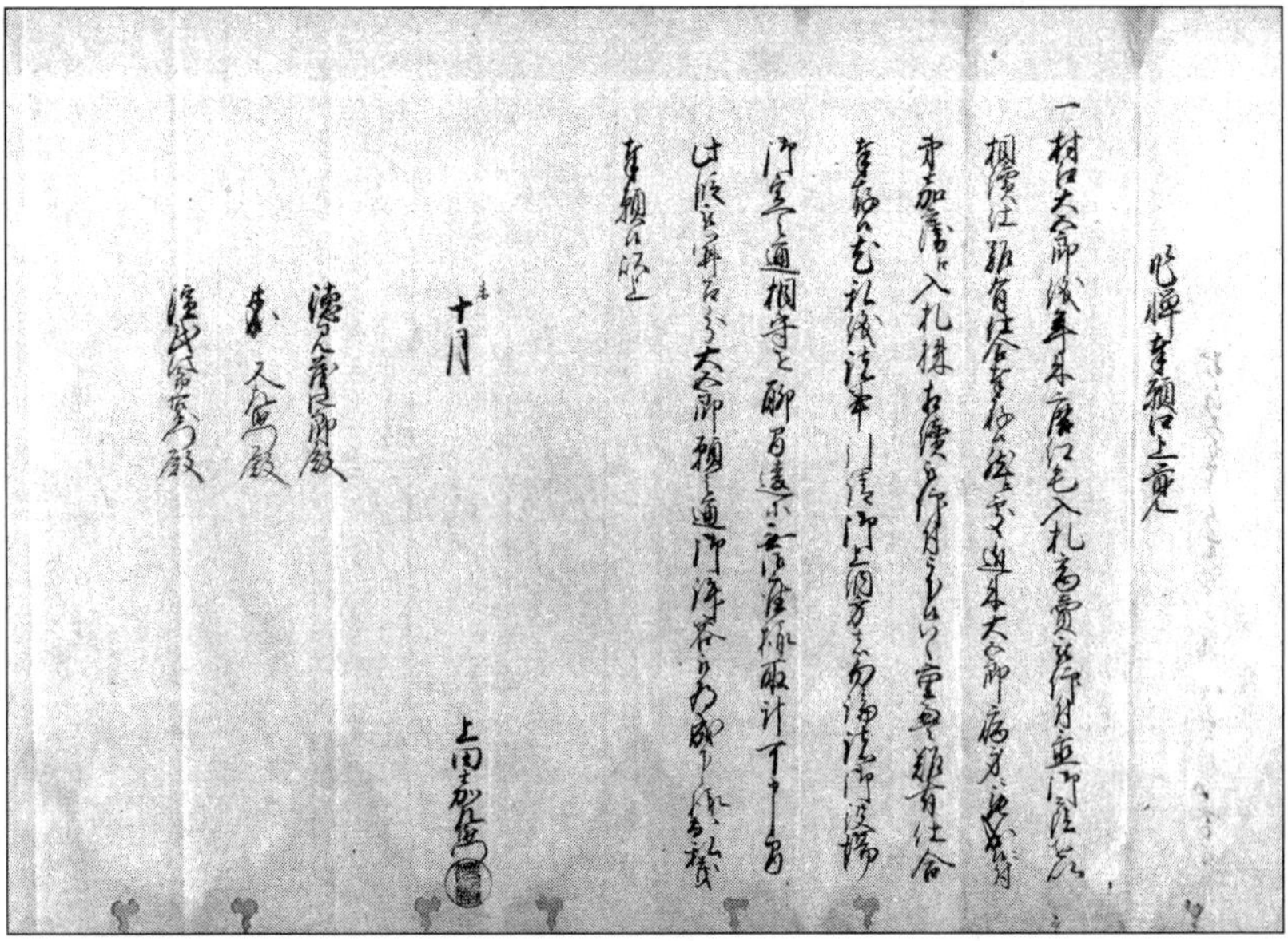

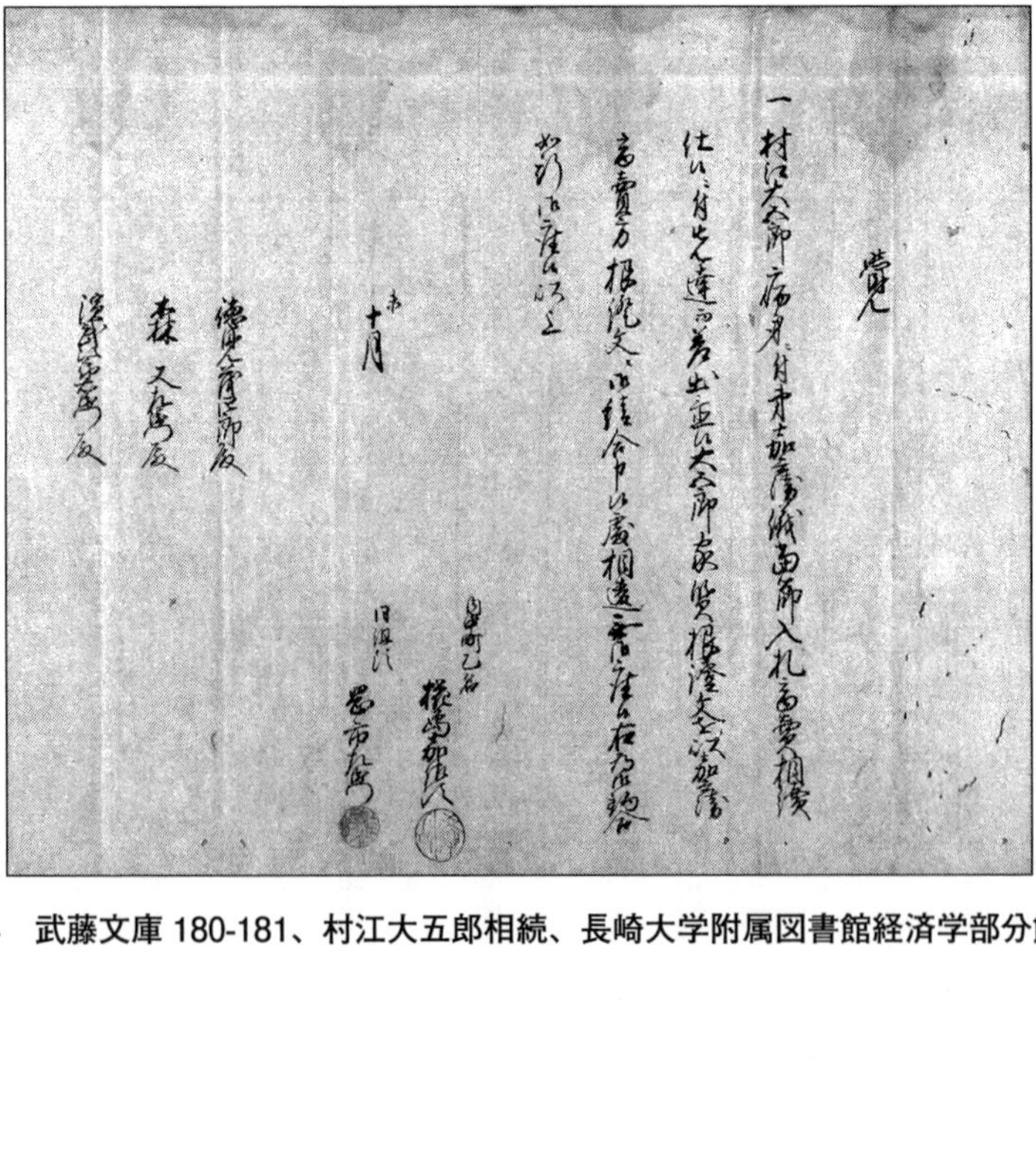

図 4　武藤文庫 180-181、村江大五郎相続、長崎大学附属図書館経済学部分館蔵

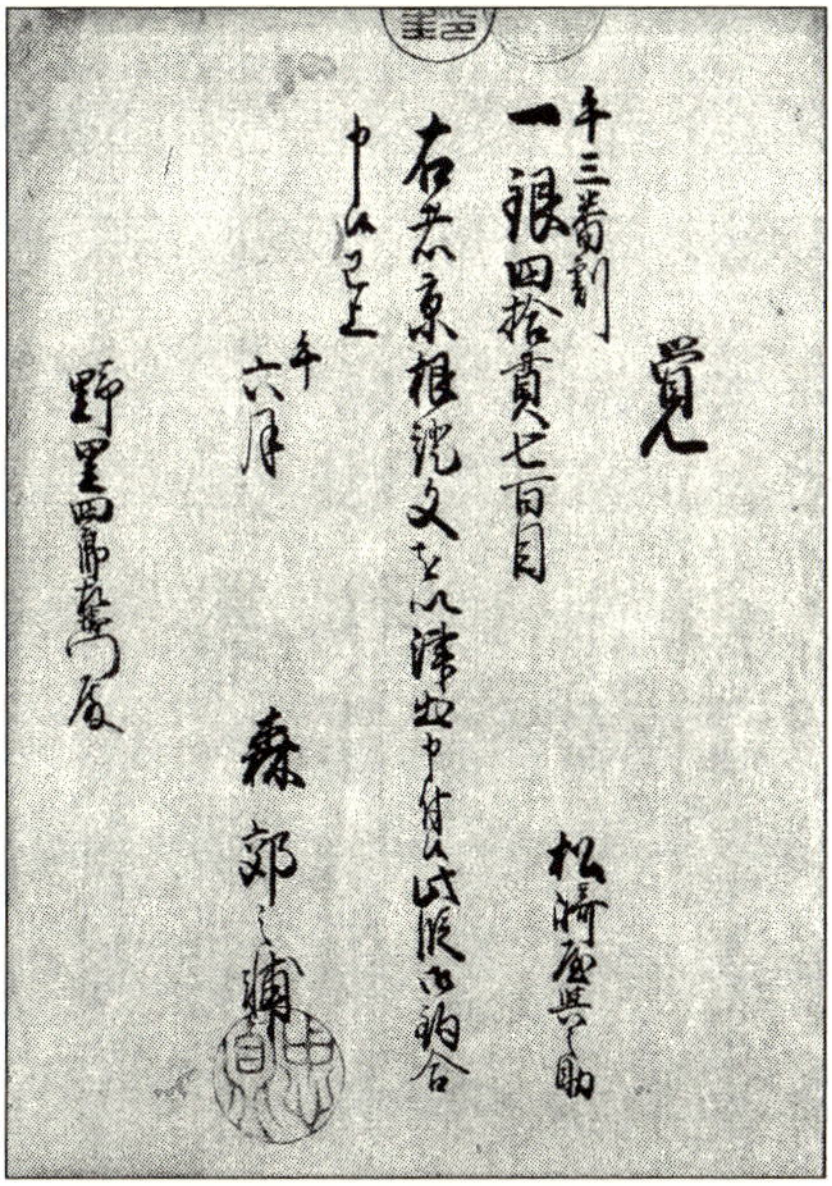

図５　武藤文庫 222、京根証文を以津出…釣合…、
長崎大学附属図書館経済学部分館蔵

もって津出（搬出）を許可する」[17]とある。

その「来年」の入札開始（春）に相当する嘉永二年三月二一日（一八四九年）付の三井京本店の越後屋宗助らの長崎奉行宛て『長崎商根証文儀達請書』[18]は、次のような規定を確認した。

「長崎における唐オランダ商売の落札商品の売人たちの津出し請合根証文について、家質ならびに国元準備銀などの分は取りやめ、当酉年の一番割りの入札より、たとえば銀百貫目（約二億二千万円～換算法ix）を入札準備銀として長崎会所へ預ければその五倍額の五百貫目（約一一億円）の根証文を提出し、それをお取調の上、認可をいただく、すなわち今後は根証文を作成するには右のように一定額の正銀を長崎会所に預けてその五倍額の根証文を提出するようにすべきことを長崎奉行様より命ぜられましたので、私どもは、これまで長崎糀崎町の中埜用助殿を通して入札し、銀高八百貫目（約一七億六千万円）を限度とするお支払いを保証して参りましたが、右の趣旨を心得るべく仰せつかり、恐れ入り奉り、この請書を提出いたします[19]。」

ここで「落札荷物売人共津出し請負根証文之儀」とは、入札株取得のための根証文とは別の落札商品の津出（落札商品の搬出）のための根証文と捉えることも可能であろう。大手の入札商人と小口の津出商人の別である。「家質并国許備銀等之分」とは、まさしく『大意書』や『長崎五冊物』のいう「家質根証文」と、石本平兵衛が入札株取得の用意した島原藩の「上納銀請負根証文」のようなものの分と思われる。

「武藤文庫」の新発見資料の中には、「何年何番割り入札商人の銀高何貫目は、何々根証文をもって津出し申し付ける。この段、釣り合っていることを確認する」という文面の「津出釣合」の覚書の例が、目録番号二〇九から二四四まで三六札存在する（図5）[20]。あて先は当番の長崎宿老、長崎宿老何某の奥印をもって公証し、二種類の割印が見受けられる。この覚書こそ長崎会所の釣合書と呼ばれるものと思われるが、三六例の内訳をみると、「京根証文」が四例[21]、「堺根証文」が一例[22]、「嶋原根証文」が一一例[23]、個人商人の（請負）「根証文」が一五例[24]、そして根証文ではなく、長崎会所に現銀を預けおいた例が五例[25]ある。

ここで「嶋原根証文」とは、石本平兵衛が獲得したような嶋原藩（島原藩）の上納銀請負根証文、つまり保証人が島原藩であることを証明した根証文だったと思われる。

もっとも数の多い大坂商人山中右衛門や大坂長崎屋半蔵、中村嘉右衛門、石崎太平治、安川善左衛門、中野用助（三井代理人）などの個人名義の根証文も、保証人を証明する根証文であったと思われる（図6）[26]。

興味深いことに、（天保五）午年一二月（一八三四年一二月三〇日以降）、松坂屋辰之進（名義で商売していた石本平兵衛）の入札商売の根証文についての長崎会所の問い合わせに対する長崎宿老の回答を見ると、当時、他人の根証文を借用して入札する場合もあったようで、石本平兵衛の島原藩の保証根証文は、それとは別の「自分根証文」と呼ば

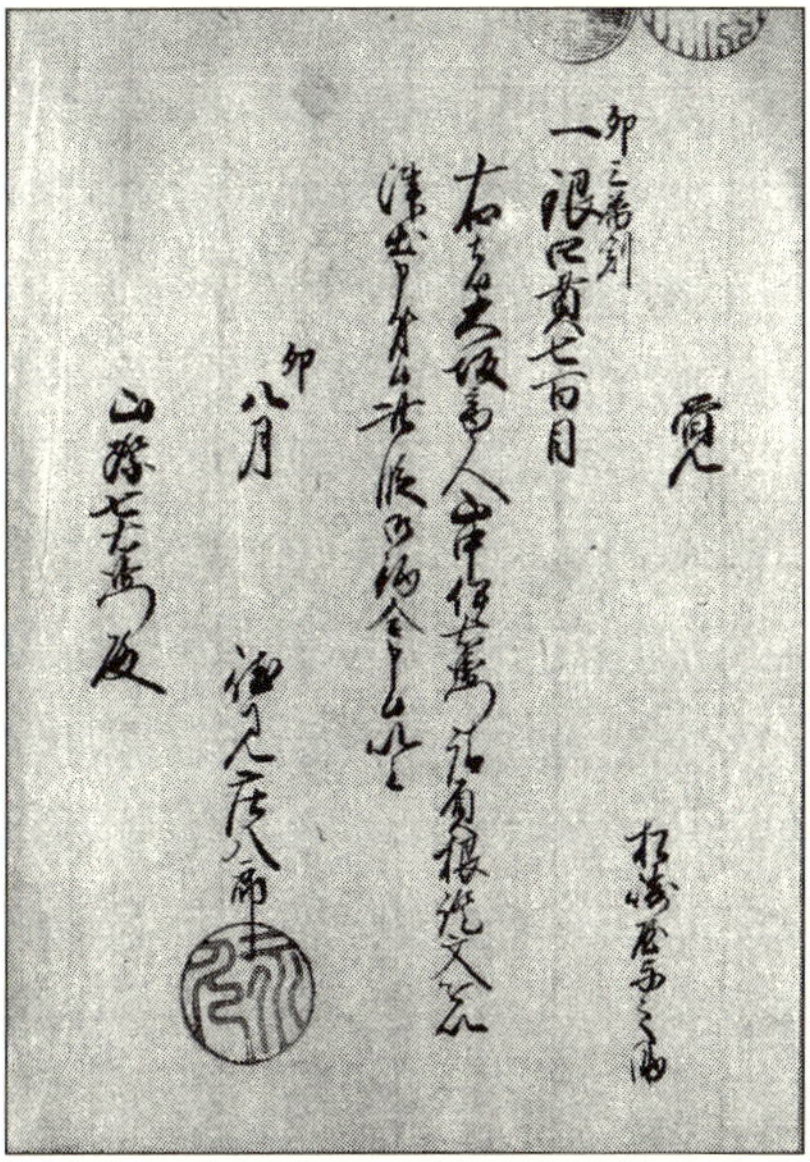

図６　武藤文庫 209、「…大坂商人山中伊右衛門請負根証文を以津出…釣合…」、
長崎大学附属図書館経済学部分館蔵

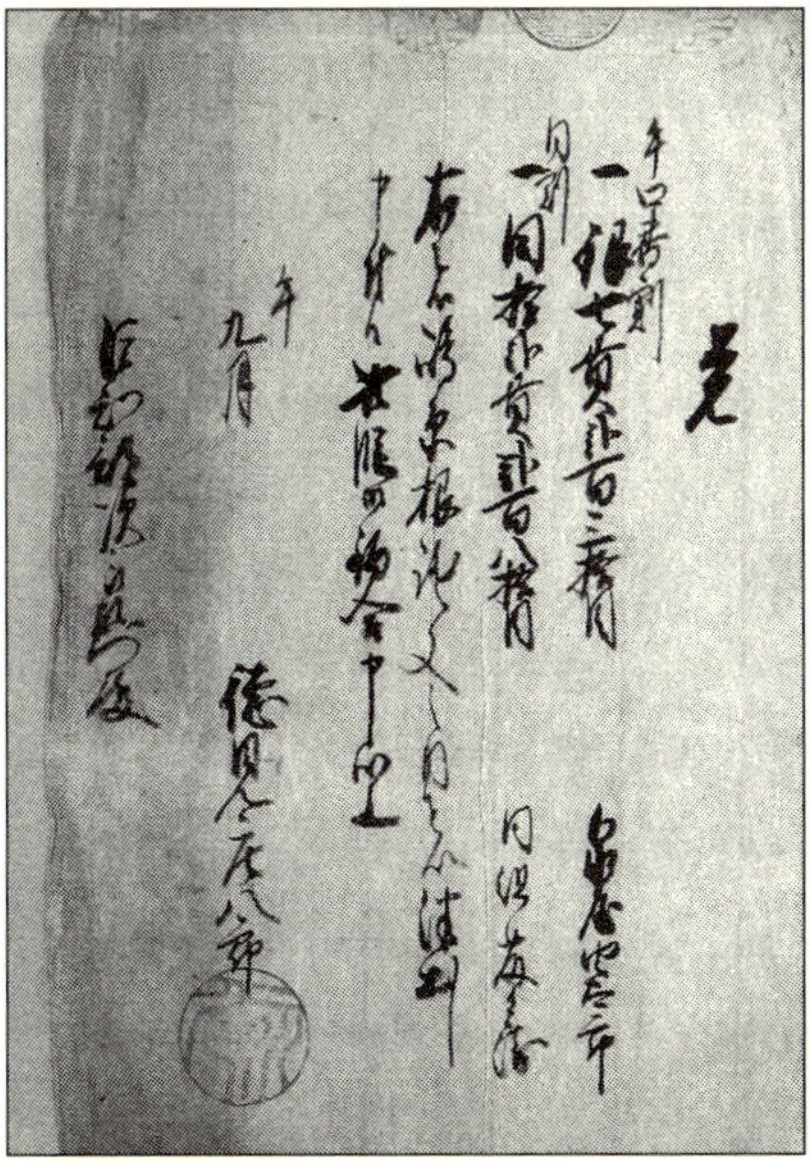

図７　武藤文庫 223、「同組…嶋原根証文之内を以津出…釣合…」、
長崎大学附属図書館経済学部分館蔵

れ、より直接的で強力であったことが伺える[27]。

いずれにせよ、家質根証文ではなく、先納銀の支払い保証人を証明する根証文が普及した一つの理由として考えられるのは次のことである。長崎においては、他の箇所と比べて小商人の占める割合が圧倒的に高かった（太田一八二）[28]。実際、そのためか、入札株の取得については二年間ほど一種の見習い期間が設定されており、その間に落札代銀の支払いがよければ、独立して入札株を「分けて」もらった[29]。株分け前は、組合の一員として入札商売をしたらしく、その点を端的にあらわす「津出釣合書」の例もある（図7）[30]。

そして落札商品の上方輸送のために、「根証文銀」の「手当」を願い出た例も見られる。それは三井文庫の「京根証文凡仕様書」[31]で、享和三年一二月（一八〇四年一月一三日以降）に長崎問屋仲間（漆屋、菊屋、菱屋連名）が京都糸割符仲間の年番役に宛てて提出した覚書で、石本平兵衛の入札株取得より二〇年近く前のことであった。その第一条曰く、

「唐船・オランダ商館取引の落札商品の京都への輸送につきまして、この春、結構なご注文を賜り、一同ありがたきしあわせと感謝申上げております。ところで、大坂・堺の本商人たち（入札株を持つ商人のこと）が商品の搬送のためにべんりの商法を開発し、根証文銀の手当をしていることに関しまして、唐物仲間よりお願い申し上げたところ許可され、こうして本商人たちは、大変べんりな大坂・堺へ、どんどん商品を搬送するようになっております（図8）。京都においても、なにとぞ、お仲間のご尽力をもちまして根証文銀の手当て何百貫目（当時の百貫目は約三億円弱～ix）とお定めいただき、京都町奉行様へお願いし、許可をいただいた上で長崎奉行様へご連絡いただきますようにお願い下さいますよう、私たち仲間からも、一緒にお願い申し上げたく存じております。ただし、右ご規定の銀高何百貫目までの出銀を「請負」（「保証する」）という証文は、お仲間連判により提出していただきたく存じます[32]。」

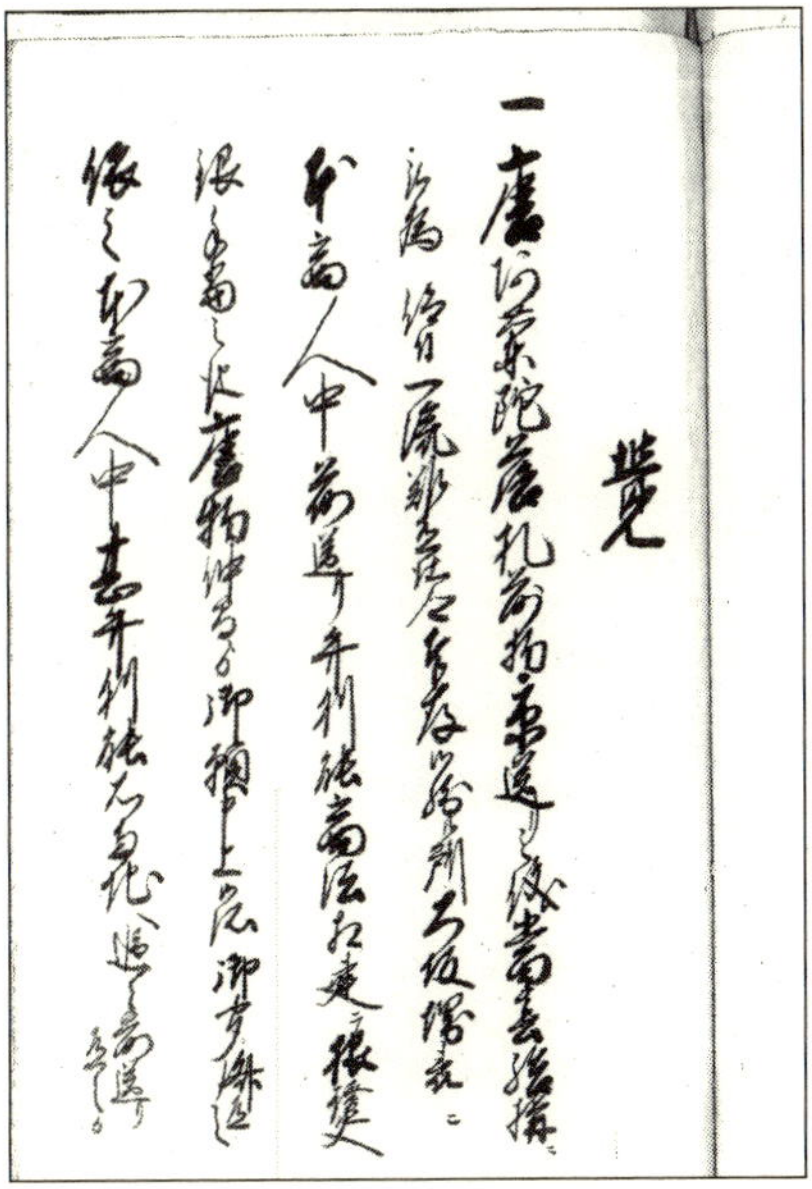

図 8　三井文庫、本 1669-8「京根証文凡仕様書」

ここで願い出ている根証文銀の手当（出銀保証）の証文の雛形も同文書に添付されており、それ自体として「根証文」と呼ばれ、京糸割符年寄中連名、連印で、長崎奉行所に宛てられている。曰く、

「一、元銀何百貫目は、子年一番割の五ヶ所入札商人が落札した船来品を京都前請問屋たちへ送るに際し、落札代銀の支払いにつきまして、京都手当銀何百貫目を限度に、長崎在番の京都糸割符年寄より京都、江戸、大坂、堺、長崎の各商人の氏名及び小訳証文、長崎会所へ提出する分の銀高を、長崎支払い分と大坂銅座支払い分の両方とも、所定の通り間違いなくお支払いいたします。将来提出いたします類の証文はこの通りです[33]。」

以上の二つの文書のそれぞれの末尾に着目すると「根証文銀の手当」とは「出銀」何貫目までを「請負」うこと、言い換えれば、根証文に記された極度額まで（辻迄）の出銀、つまり支払責任の「保証」のことを指すように思われる。

やや脱線するが『大意書』や『長崎五冊物』の記述か

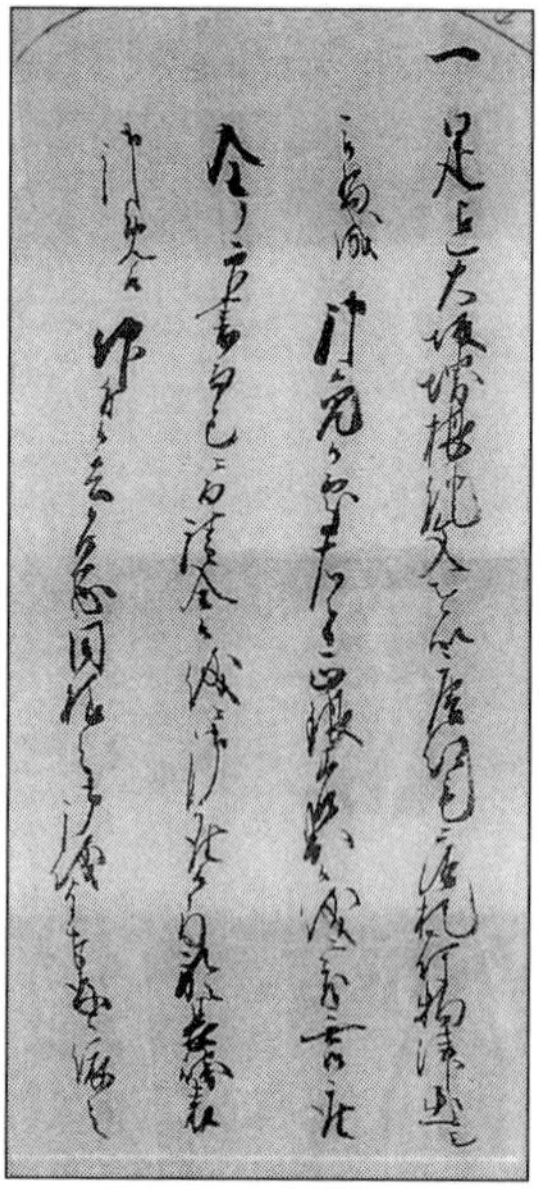

図９　石本文書 20924、九州大学附属図書館付設記録資料館九州文化史資料部門蔵

らすれば、糸割符宿老（年寄）とは、元来、家質根証文等で担保された入札株を持つ本商人の最終的保証人なので、そういう最終的保証人が、さらに、このような「根証文銀の出銀引受の根証文」まで出したとなると、これは文字通り「屋上屋を重ね」たことになる。これを敢えて「べんりの商法」などと称して、京都の糸割符宿老が堺と大坂の糸割符宿老の向こうを張って競争しようとしたということは、どういうことか？

一つのヒントは天保期と思われる石本文書二〇九二四番の質屋竹谷九郎右衛門「唐紅毛落札荷物根証文請負之儀ニ付奉願書付」で、長崎商人が従来「大坂堺根証文」をもって上方へ落札品を搬出していたことは、別に正銀を支払ったのではなく「印書而已」のことなので、それなら長崎の質屋仲間に「根証文」の許可を頂ければ、それで利銀をとれるので長崎市中の金融の改善に資したいという願書である（**図９**）[34]。要するにハンコだけの根証文という信用供与で利息を稼がせて欲しいという趣旨と見受けられる。三年後、竹谷九郎右衛門は安川善左衛門と連名の根証文で竹橋屋龍太郎の津出釣合を保証した[35]。大手の上方商人も小口商人への根証文信用供与で利鞘を稼いでいたのだろう。また、京都での落札商品の売れ行きは予想が難しく、三井は落札額の二割増しの商品を搬入させていたという[36]。これも落札代銀の支払い保証のための別の「根証文」が必要となった背景の一つであろう。ともかく、三井文庫の「京根証文凡仕様書」を見る限り、石本平兵衛の「嶋原根証文」と同様に、「京根証文」というものも、結局、落札代銀の支払いを一定の銀高まで京都糸割符宿老が保証することを証明する根証文を意味するようになっていたと思われる。

なお『大意書』当時（一八世紀後半）その自治権を維持していた京都糸割符宿老も、この頃（一九世紀はじめ）までに京都町奉行所の下に服すようになっていたことが分かるが、京都糸割符宿老は落札代銀の支払を引き受ける代わりに、各落札商人に対して「京根証文」によって落札商品を京都へ搬出するに際して落札代銀を前為替で支払わせるようにしていた[37]。また、京都糸割符宿老は、京根証文を「借用して」落札した商人から商品の海上輸送中の商品毀損の危険を負担する証文を取るようにしていた[38]。こう見てくると、京根証文の「借用」とは、重層的な中間流通機構の中で大手商人が信用を供与し利息を取りながらリスク負担を小口の下請に分配（押し付け）する便法だったのかもしれない。信用供与はしても、保険という発想はなかったと思われる。

そうみると、武藤文庫の長崎会所の（津出）釣合書に登場する根証文は、それが京根証文であれ、「藩」根証文であれ、「個人」根証文であれ、根証文ではなく現銀を備え置いた釣合書の例にも鑑み、入札資力の保証の見返りに、落札商品の重層的な中間流通業者たちから利息を稼ぐ方法でもあったと考えられる。

1　長崎県史七二「寛政元酉年落札高之壱歩通者、銀納不相済候共、津出致度申立ニ寄、御免有之」。

2 長崎県史七二「将又、向後入札相済、翌日商人共人別買高ニ応、弐割通正銀ヲ以先納、残銀高之分者、是迄仕来之通根証文取極候上荷物津出、右弐割通会所江不相納分者、荷物津出不相成段、文政七申年被仰渡置候処…」。

3 長崎県史七二。

4 三井文庫、本一六七〇―三「御手頭写し、長崎商売根証文納銀ノコトニ付長崎奉行ノ達」（嘉永元申年一〇月付〔一八四八年〕、京本店作成、京本店所蔵）「五ヶ所宿老共江（改行）五ヶ所商人共入札遣ひ并根証文津出銀納等之儀、去未八月規定申立置候得共、猶又向後取締之ため左之通申渡候。（改行）根証文之儀者、商人共落札荷物上方表着不着ニ不拘、たとへ非常天災有之共、根証文主ニおゐて引請弁納可致規定之処、近年いつとなく相弛未納有之候得者終ニ者永年賦等相願、根証文者名目而已ニ而其詮無之、畢竟右様非常之節未納無之ため、根証文請合候上者、後納可願立筋無之、依之及未納候節者引当備銀者速ニ引上ヶ而猶不足之分者根証文主江急度皆納申付候儀、此度改而申渡候間、其期ニ臨ミ願筋等難取用候条、兼而其旨可相心得候。（以下略）」

5 『大意書』巻十一「堺大坂糸荷廻船取斗大意書」（本庄二二二九）。

6 武藤文庫（以下すべて新発見資料の目録番号）一九五番。

7 武藤文庫二〇三、二〇四番。

8 武藤文庫二〇五、二〇七番。

9 武藤文庫七四。

10 三井文庫、本一六七〇―三、「長崎商売根証文主納銀ノコトニ付長崎奉行ノ達」嘉永元年一〇月（一八四八年）京本店作成京本店所蔵。「京江戸大坂堺ヶ所引受三社丸焼失荷物代仕法納根証文、一、銀弐百貫目大坂宿老、一、同百三拾貫目内五拾貫目京、拾貫目江戸、弐拾貫目大坂、五拾貫目堺。神刀丸破船荷物代堺仕法納根証文、一、銀弐百貫目」。以下、注4の3行目改行以下に同じ。なお三社丸については、『大意書』に言及があり、大坂村江屋孫兵衛船と登録されていた（本庄二三三〇）。

11 大村要子「近世長崎に於ける貿易業～石本家を中心として」九州文化史研究所紀要三・四合併号（一九五四年）一七八頁、一八六～一八七頁に翻刻引用されている。

12 「…身許並上納銀筋番割毎書面之銀高致請負候処其紛無之候。…」

13 九州大学附属図書館付設記録資料館九州文化史資料部門所蔵の「石本文書三五九〇」にあり、原文は「…然ル上者、落札

代銀上納之分御定日限無遅滞為相納儀者勿論、難破船火災其外如何様之変事差起候共、聊無相違皆納為致可申候…」。

14　大村要子一九五四年一七八頁、一八六～一八七頁。石本平兵衛が文政五年九月一二日（一八二二年）付の長崎宿老宛「乍憚奉願口上書」の中で、平戸町松坂屋辰之進名義で「…当節より本名松坂屋辰之進と相名乗入札商売御免被仰付被下候様奉願候。勿論根証文差上置…」と入札商売御免を出願し、平戸町乙名石本庄五郎が奥書で宿老宛にこれを支持した史料を揚げて、次に「而して根証文については、辰之進本家隈田村松坂屋熊八郎に銀高七百貫目を請負はせしめてゐる。嶋原役所より長崎宿老宛提出された請負証文を左に掲げる」として、島原藩の上納銀支払い保証の根証文を掲げている。つまり、支払い保証の根証文が入札商売御免のための根証文だというのである。

15　『大意書』巻十（下）五「長崎町人唐阿蘭陀荷物入札商売相願候節取斗方之事」「…万一落札荷物代銀御定日限之通未納不納に相成候節者、町々請合之乙名より根証文之家屋鋪売払せ…」（本庄二二八）、『長崎五冊物』「百日目迄銀納不仕者、根証文家屋敷其外家財等御取上」（長崎県史七一）。

16　ただし家質根証文と上納銀保証が別であった例として、武藤文庫新発見資料一八〇番と一八一番の長崎内中町村江大五郎から弟嘉兵衛への入札株の相続につき、弟は兄の家質根証文を相続し（一八一番）、上田嘉左衛門が従前通り上納銀の保証を請け合う（一八〇番）形で行われた。

17　三井文庫、本一六七〇―三（一三―一四頁）「…尤是迄家質并請合等之根証文用来候分当秋割迄遣ひ方差免候得共、来壱番割より者家質并請合根証文者差止〆都而正銀備之根証文を以津出申付候条…」。

18　三井文庫、本一四九二―一四―二「長崎方根証文之ノ儀御達請書控」。

19　「御請書（改行）於長崎表唐紅毛商売落札荷物売人共津出し請負根証文之儀家質并国許備銀等之分者御差止、当酉壱番割以来正銀百貫目長崎会所江置附相備候得者此五倍増五百貫目之割合を以銀高ニ応じ根証文願立次第御取調之上御差免可相成ニ付、此後根証文取組候ハ、右之割合を以正銀長崎会所江相備候根証文申立候様可致旨長崎御奉行様より被仰越候間、私共是迄彼地椛崎町中埜用助殿を以入札為致銀高八百貫目迄之上納御請合罷在候儀ニ付、右之趣相心得可申旨被仰渡奉畏候、依之御請書奉差上候、以上（改行）嘉永二酉年三月廿一日（改行）室町二条下ル町　越後屋宗助（改行）代　繁次郎（改行）室町二条上ル町　三井八郎右衛門（改行）名代　西田新四郎（改行）御奉行様」

20　例、「午三番割　松崎屋與之助　一、銀四拾貫七百目　右者京根証文を以津出申付候。此段御釣合申候。已上」武藤文庫新発見資料二三二番。

21 武藤文庫新発見資料二二二、二二六、二三六、二四三番。

22 同二一二番。

23 同二一五、二二一、二二三、二二四、二二五、二二七、二三一、二三二、二三三、二四一、二四二番。

24 同二〇九、二一〇、二二〇、二一四、二一六、二一八―二二〇、二二八、二二九、二三〇、二三四、二三五、二三七、二三八、二三九番。

25 同二一一、二一七、二一九、二四〇、二四四。

26 石本文書三五九〇号。なお、この午年を天保五年甲午とするのは、入札株を取得した文政五年壬午より数年あとの内容が書かれており、石本平兵衛が死亡するのが天保一三年壬寅一〇月八日のことなので、その前の午年は天保五年しかないからである。

27 実際二〇九番の覚書には「大坂商人山中伊右衛門請負根証文」とある。

28 太田一八一第二三表「五ヶ所貨物商人数・割付高」を見れば、合計で江戸五八人、京都一三九人、大坂一一七人、堺二八五人、長崎五四一二人で長崎商人が圧倒的に多かったが、うち四九六〇人が「小商人」で、その長崎小商人銀高計は四九二〇貫六一一匁二分で、一人平均一貫目以下だったことが分かる。原典『長崎記』。実は、この統計は貨物市法時代のもので、御定高・長崎会所時代のものではないが、貨物市法時代の傾向はその後も持続したと思われる。

29 『大意書』巻十（下）五「…長崎商人之内に先組合せ入札商売致させ候儀御届申上、御聞届之上入札商売申付、其上一両年茂商売仕、身元丈夫に而買請代銀納方手際宜者に候得者、追而株引分け一手商売仕度願出候節別株に引分け商売致させ候儀に御座候…」

30 「武藤文庫」二二三番。「午四番割、銀七貫弐百三拾目、泉屋由太郎（改行）同割、同拾弐貫弐百八拾目、同組藤兵衛（改行）右者嶋原根証文之内を以津出し申付候。此段御釣合申候。以上（改行）午九月（改行）徳見庄八郎（印）（改行）巨知部次郎左衛門殿」。とくに「泉屋由太郎」と「同組藤兵衛」という落札商品売人二名が同じ組に所属していること、そして嶋原根証文「の内」の表現に注目すべきである。

31 三井文庫、本一六六九―八、享和三年亥年一二月（一八〇四年）（京本店作成、京本店所蔵）

32 前注「唐阿蘭陀落札荷物京送り之儀、当春結構ニ被為仰付、一統難有仕合奉存候、然ル所大坂堺表ニ本商人中荷送り弁利能商法相建テ根証文銀手当之儀、唐物仲間より御願申上候所御聞済有之、依之本商人中甚弁利能者当地へ追々荷送り有之

候、当地ニ而も何卒お仲ヶ間御苦労を以根証文銀手当銀何ン百貫目ト御定メ被下、当御奉行様江御願奉申上御聞済之上長崎表御奉行様江御通達被成下候様御願被下度、尤私共仲間よりも倶々御願奉申上度他奉存候。（改行）但右御定メ銀高何百貫目迄御出銀御請負之証文御仲間御連印ニ而御指上ヶ被下度奉存候。」

33　三井文庫、本一六六九―八「京根証文凡仕様書」「指上ヶ候根証文之事（改行）一、元銀何百貫目也（改行）右ハ子之壱番割五ヶ所入札商人落札唐阿蘭陀京前請問屋共江送り荷物代納メ方ニ付京都手当銀何百貫目之辻迄ハ長崎在番京糸年寄より京江戸大坂堺長崎商人名前小訳証文長崎会所へ指出候文之銀高長崎納銅座納共御定目通無相違相納可申候、明日指上ヶ候様証文如件（改行）京糸割符年寄中（改行）連名印（改行）享和四年子月日（改行）長崎（改行）御奉行所」（貼紙あり）。

34　石本家文書二〇九二四番「乍恐奉願口上書（改行）一、私儀先祖以来数代長崎住居被為　仰付置（改行）質商売ニ而家族養育仕難有仕合奉存候、随而（改行）近来長崎表追々及衰微一統困窮深増（改行）候ニ付、何卒土地有益之仕法茂御座候ハヽ、申上度（改行）兼而心懸罷在候処近年唐紅毛船欠年（改行）相続其上唐物不景気ニ相成商人共損失多（改行）未納銀等有之候ニ付、会所御銀繰ニ相闇諸渡銀（改行）其時之御出方無御座所ゟ市中金銀不融通ニ（改行）相成自然与一統困窮仕候儀ニ御座候、依之私共（改行）仲ヶ間申談此節根証文之仕法御願申上候、右者私共（改行）利慾而已を以御願申上儀ニ無御座市中一統之（改行）融通ニ茂可相成儀と奉存候ニ付乍恐則左ニ奉申上候（改行）一、是迄大坂堺根証文を以唐紅毛落札荷物津出シ（改行）被為成　御免候處右も正銀差出候儀ニ茂無御座（改行）全ク印書而已ニ而請合候儀ニ御座候間於長崎表（改行）御免被　仰付候者乍恐同様之御儀と奉存候、依之（改行）私共仲ヶ間拾人ニ而唐物入札之時々銀高三千（改行）貫目根証文請負□御免被　仰付被下候様（改行）奉願候、然ル上者是迄大坂堺根証文之振合を以（改行）月壱歩之利付ニ而荷物為積登上納日限迄二ヶ月ニ（改行）相定入札商人共江貸渡壱度利銀六拾貫目宛（改行）取上候得者一ヶ年商売五度之積ニ而利銀凡（改行）三百貫目程茂可有之候得者内端ニ積り弐百貫目と（改行）見当、右利銀取上候ハヽ、追々市中江貸付候様（改行）仕度奉存候、尤根証文利銀之分者年々元銀ニ相加（改行）為用意銀引分ヶ置候様可仕候得者右用意銀（改行）市中江貸付候利銀之分者私共仲間江配分被（改行）仰付被下候ハヽ、難有奉存候、勿論右之通根証文（改行）請負仕り候者万一唐物廻船大坂着迄之内難破（改行）船等有之又者故障之儀出来候者私共仲ヶ間ニ而（改行）引請御上納銀不差滞様弁納可仕候、殊更両三年（改行）海上無難ニ候得者凡五六百貫目程之用意銀茂（改行）出来可仕積ニ付右を以弁納仕候様取斗可申候。（以下略）卯八月（改行）仲間惣代（改行）竹谷九郎右衛門」。

35 武藤文庫二一八。「覚…午六月」。

36 三井文庫、本一六六九―八「京根証文凡仕様書」（本文第三条）「一、落札荷物時々京売方相場難斗、依之京根証文ニ而登り候荷物ハ長崎落札直より二割ツ、増荷有之候様ニ相定メ津出し致候事」。

37 三井文庫、本一六六九―八「京根証文凡仕様書」「一札之事（改行）一、当壱番割私落札荷物之内何品京都問屋誰并根証文掛り誰へ差送り申度奉存候、依之御根証文銀高何品何拾貫目御指出被下候様奉願上候處、御聞届被成候ニ付御取究通御宿老奥印申請前為替証文差出可申候、尤右根証文銀高上納引当前為替証文面通上納仕候儀相違無御座候、万一問屋手前并根証文掛方ニ而上納相滞候共於当地皆上納可仕候、依之為後証指出候一札依而如件（改行）商人名印（改行）年号月日（改行）長崎在番（改行）京糸年寄宛（貼紙）此一札之儀ハ商人方落札荷物京根証文を以京送り致候節、商人より長崎在番京糸年寄へ指出候一札ニ御座候、此一札面ニ何十貫目之引当荷物何品ト申事ハ前為替証文ニ相認メ御座候事」。

38 三井文庫、本一六六九―八「京根証文凡仕様書」「海上御請負一札之事（改行）一、当子壱番割御根証文拝借仕落札荷物京問屋誰根証文掛り誰江差送候砌、海陸とも荷着迄之内海上変事ハ不及如何様之次第御座候共御根証文面銀高私より相弁聊以御ヶ所へ御難題相成候様仕候儀ハ勿論京掛り問屋并根証文掛りへ少茂難渋相懸ヶ不申候、依之拝借仕時之添一札面へも海上之儀ハ可為御法旨書載仕置候、為後証指上候海上御請負一札如件（改行）商人名印（改行）年号月日（改行）長崎在番（改行）京糸年寄宛（貼紙）此一札之儀ハ京根証文に而津出し荷物商人より海上之変事其外難渋懸ヶ申間指敷請負之一札ニ右乃通御座候以上。」

第三章　江戸時代のその他の根証文と全体の総括

(1) 江戸時代のその他の根証文

(イ) 武藤文庫の受用銀根証文

武藤文庫の史料には、文政一三年二月（一八三〇年）長崎八幡町の畳表・花蓆業者宗次郎が長崎会所から元手として「御銀」三貫目（約八八五万円～ix）の融資を願うために同町の町乙名（オトナ）木下勇之助に申し出て、その保証人として出島乙名附筆者（書記役）であった東浜町帳面（人別帳登録済の）小柳茂輔の「私受用銀」を「根証文として」提供した例が見られる（図10）[1]。「御銀」とあるので、長崎会所の「公金」からの融資であることが読み取れる。

「受用銀」について、『阿蘭陀通詞由緒書』のうち、享和二年一二月（一八〇二年一二月二五日以降一八〇三年一月二二日にかけて）の由緒書は、三島、加福、石橋、中山、名村、今村、本木、横山の八家が、古くは慶長年間以来（石橋と横山）、代々オランダ通詞（通訳・税関吏）を仰せ付かってきた経緯を記しており、各家について享和二年当時の当代の「受用銀」高（例、銀五貫三百目～約一五六四万円）が記されている[2]。つまり受用銀とは給料だと思われる。

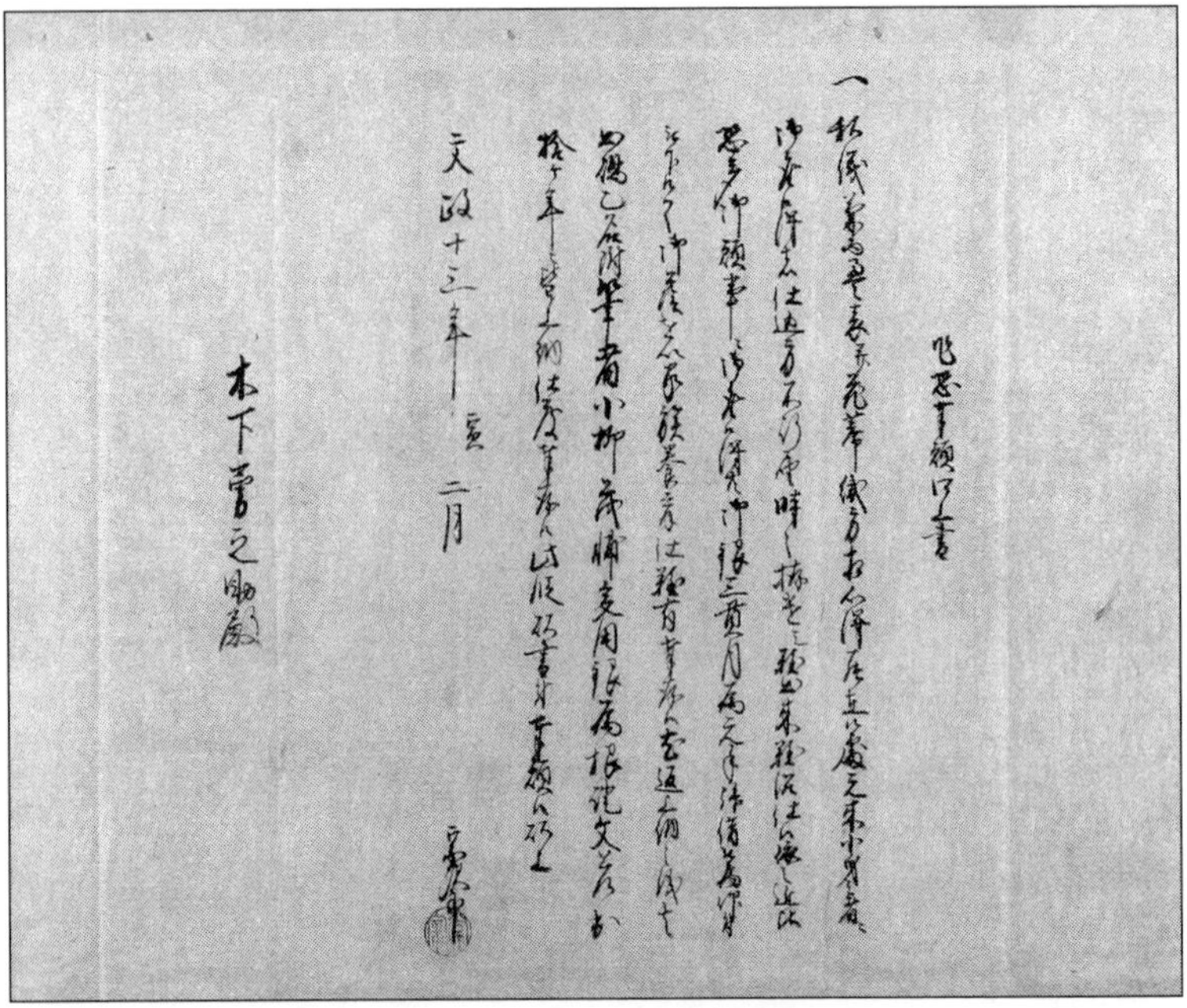

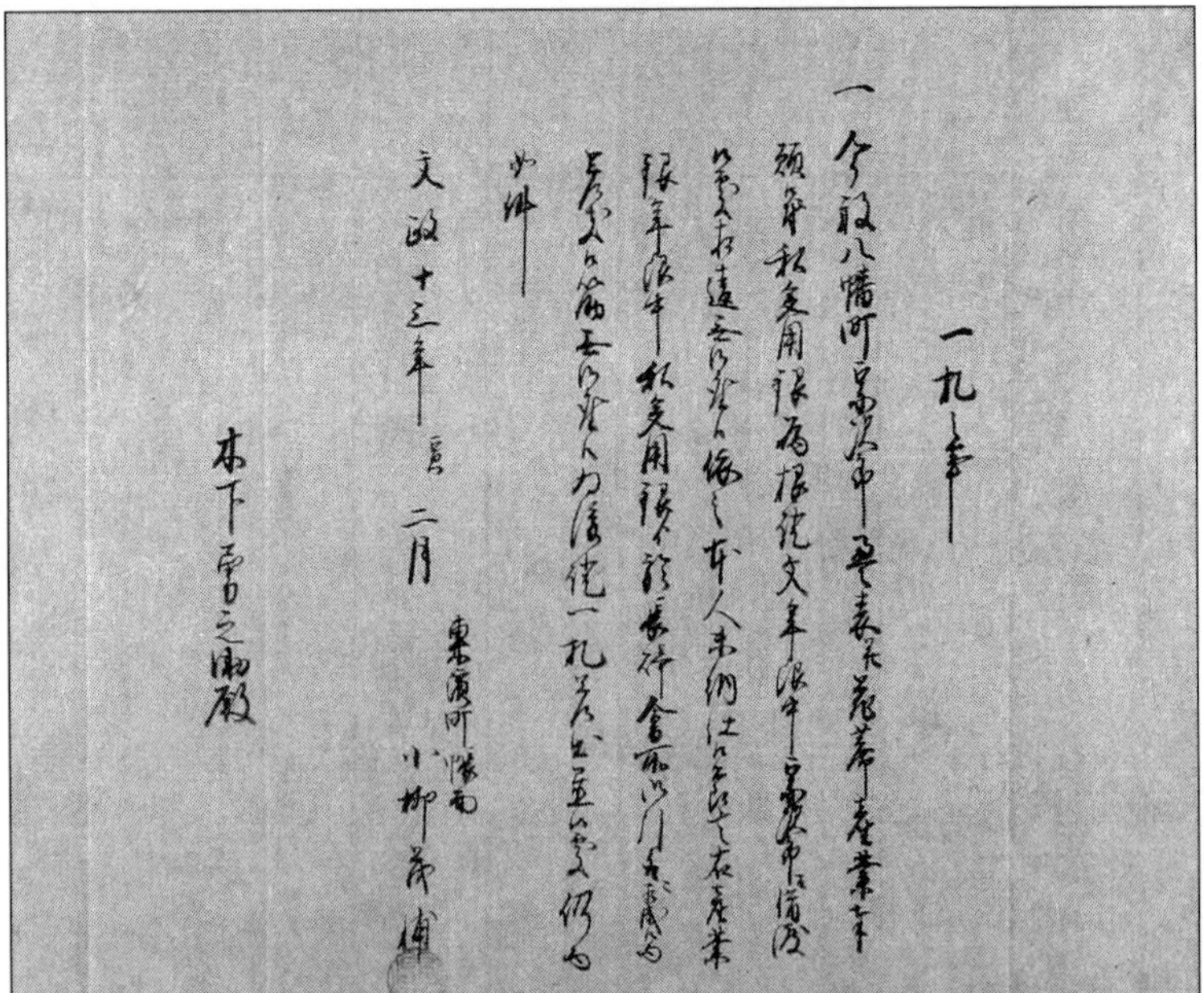

図 10　武藤文庫 10 と 9、長崎大学附属図書館経済学部分館蔵

従って、この例は借主の保証人がその給料を根証文（担保証文）として提供した例と考えられる。

（ロ）武藤文庫の貸金訴訟[3]の書証として提出された根証文

これは御公儀から長崎大浦弁天崎の埋立工事、つまり安政五ヶ国条約を踏まえて文久元年六月〜一二月（一八六一〜二年）に施工された第二次外国人居留地造成工事[4]の一部を請負った業者二名が、同年八月四日より同年九月二七日まで、工事の仕上げのために、長崎銅座跡の中川屋儀平[5]から数次にわたって借用した金および米の代金から成る元金計二四〇両二朱（朱は一六分の一）（約三一六九万六五〇〇円〜ix）に利足を加えたうち未返済分二二一両二朱（約二九一八万八五〇〇円）についての「出入」（訴訟）で、翌文久二年正月二九日に長崎奉行所に提起された[6]。貸金八〇両（約一〇五六万円）の内訳は文久元年八月四日に三〇両（約三九六万円）、同年九月三日ないし四日[7]に五〇両（約六六〇万円）をそれぞれ請負業者の家屋敷を「根証文」として利率月一歩（％）で貸与、残る金一六〇両二朱（約二一一三万六五〇〇円）は実は人夫に支給された米の代金で、米は文久元年八月一一日から同年九月二七日にわたり「通帳」をもって無利金無利息で支給された[8]。米代の方が借金の二倍強あった勘定である。

借用金証文二通は、日付と額面と借主が違うだけで、宛名（貸主）は中川八十吉で共通、中身も額面の金を借り受けたことを確認し、文久元年九月末までの返済を確約し、「私所持之屋敷一ヶ所建家表三間入六間」を「根証文」として差出し、万一滞納があれば自由にしてよいという内容で同一である（図11）[9]。

以上の文脈では「根証文」とは担保くらいの意味にとれる。文久元年八月四日付の金三〇両の借主は長崎今鍛冶屋町勝木栄次郎（請人矢嶋清兵衛連判）、同年九月四日付の金五〇両の借主は天領天草郡須子村勘四郎（同郡下浦村庄屋金子萬四郎連判、請人として勝木屋栄次郎と矢嶋清兵衛連判）であった。ちなみに、これら「借用金証文」二通はその後

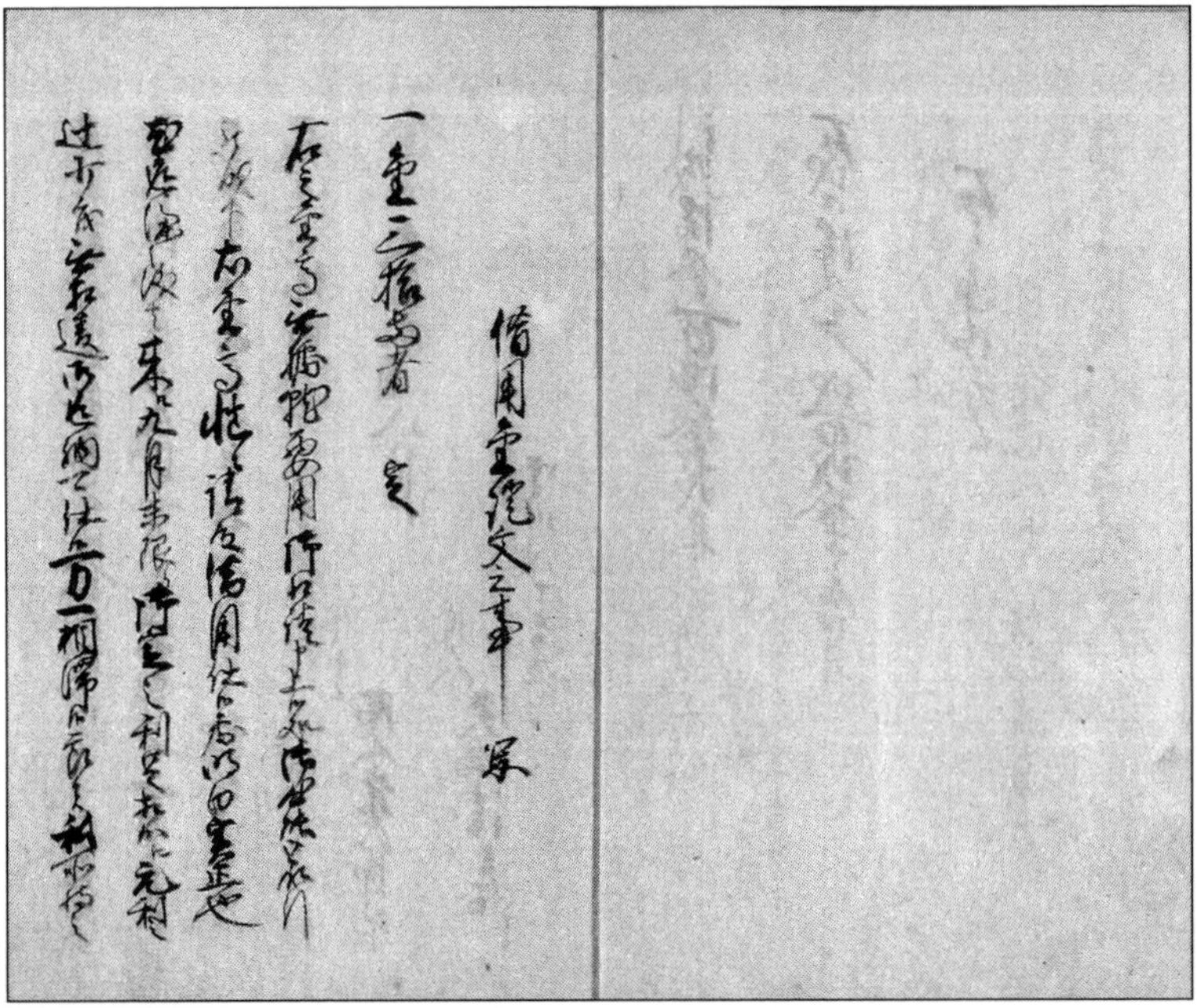

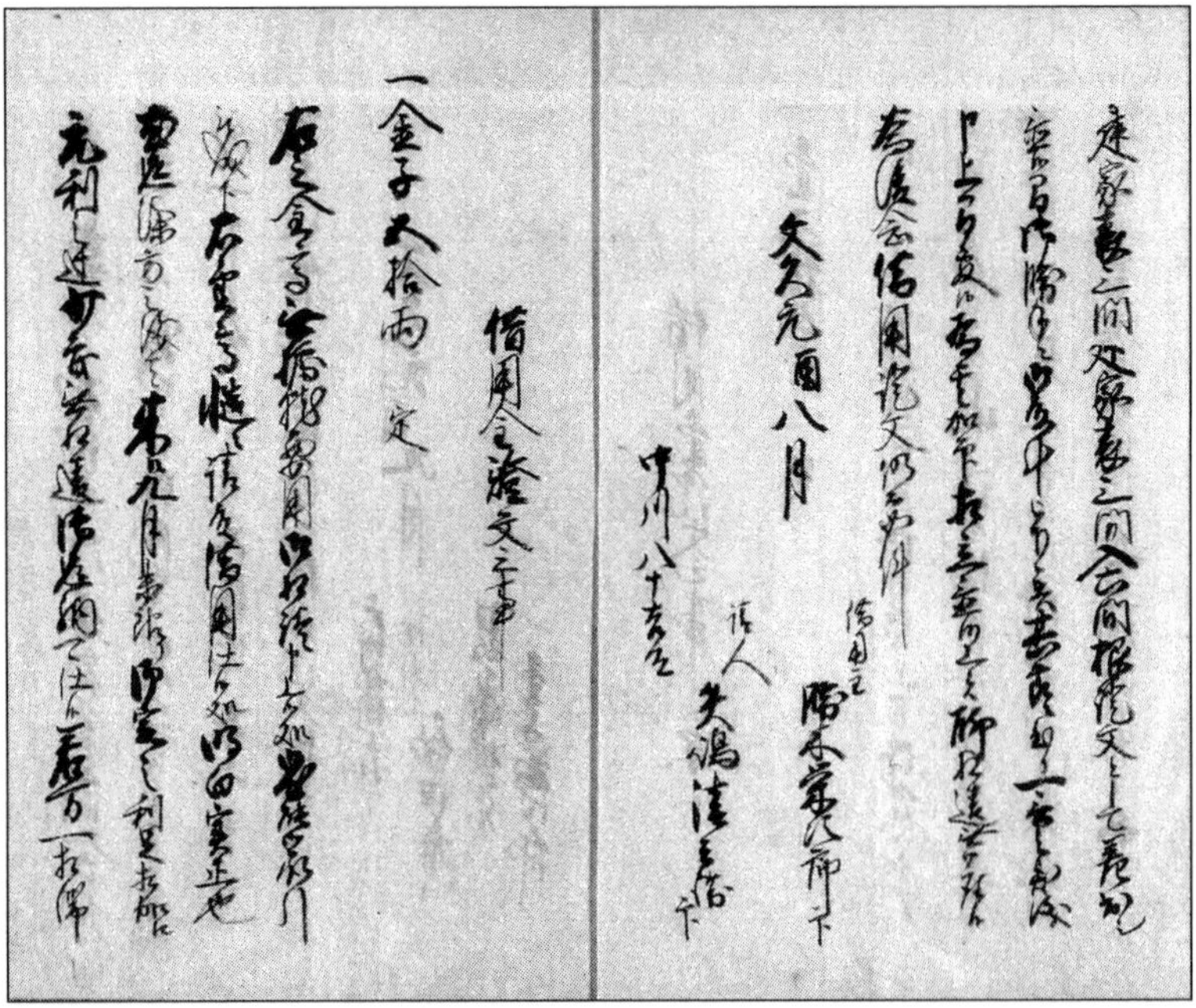

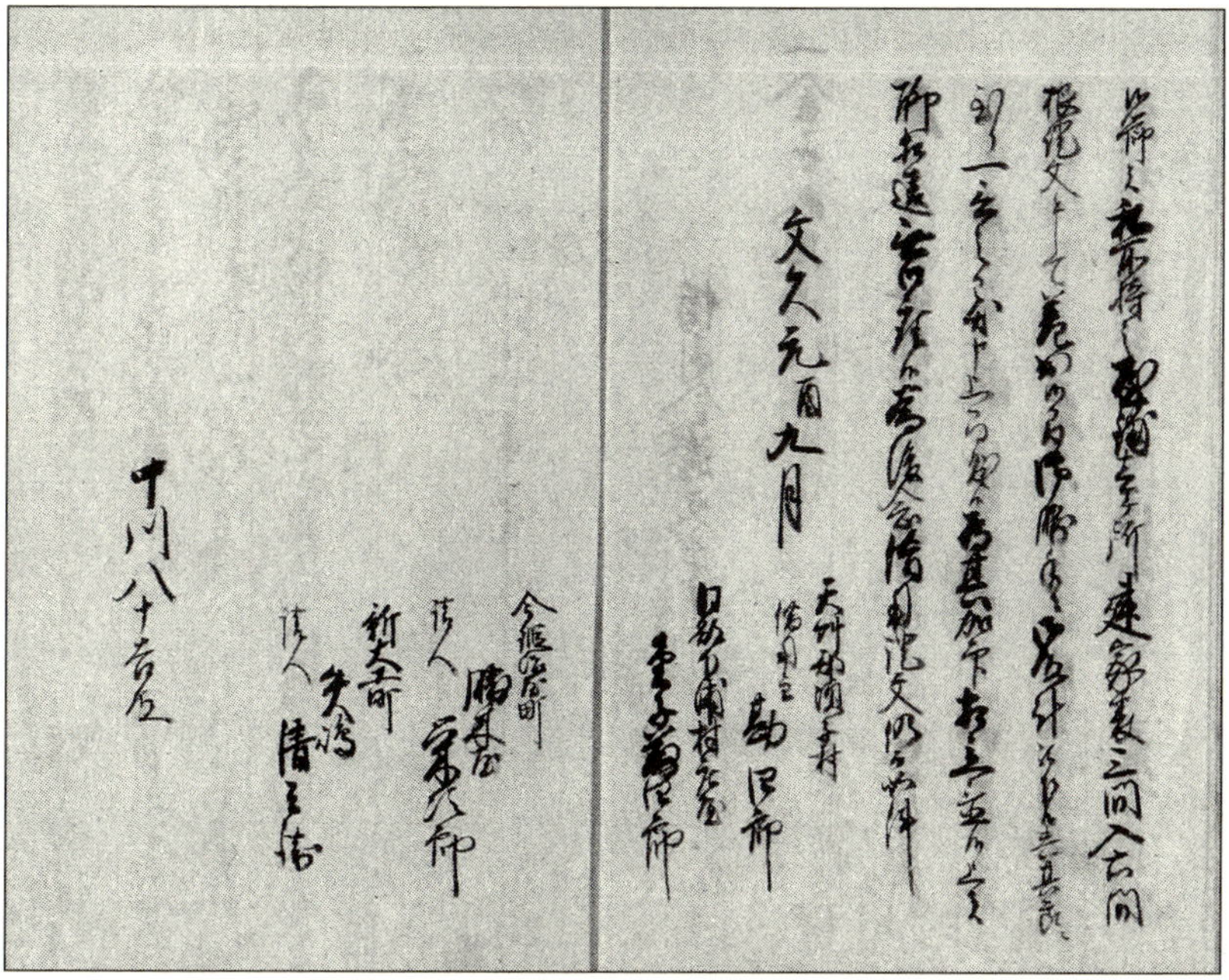

図 11　武藤文庫 282、長崎大学附属図書館経済学部分館蔵

「借用証文」、「正金貸証文」、「正金貸渡証文」[10]などと様々に呼ばれ、どちらにも公共工事の勘定場役人の保証連判がある。

貸主について、借用金証文には中川八十吉、訴訟人としては中川屋儀平とあり、同族と考えてよいだろう。中川屋儀平の所在は「銅座跡」[11]で、文久元年一二月二八日（一八六二年一月二七日）に「銅座跡役場」に債務の一部返済があった[12]。

銅座は元々元禄一四年一月晦日（一七〇一年）に大坂に設置することが決まり、それまで民間が行っていた長崎貿易用の銅の長崎への集荷回送事業を御公儀が掌握し、長崎貿易の経営を官営化する文脈でできたものであった（太田四四六～四五三）。長崎では享保九年（一七二四年）に東浜町沖に「築地」つまり埋立地を造成して翌年には「銅吹所」が完成、元文三年（一七三八年）に廃止されるまで輸出用の銅を鋳造し、その場所をいつしか「銅座跡」と呼ぶようになったという[13]。九州大学附属図書館九州文化史資料部門の「三奈木黒田家文書四二四番」には「銅吹屋」と「銅釜吹所」の記載が見える[14]。銅座跡では寛保元年（一七四一年）から延享二年（一七四五年）まで鉄製の寛永通宝などを鋳造していたが[15]、享和二年（一八〇二年）頃の古地図を基にした布袋厚氏の復元図4には「稲荷」と並んで「銅座乙名詰所」の記載があるくらいで他には何もなく[16]、文錦堂板「長崎細見之図」にも「どうざあと」という記載の他に「詰所」らしきものの区画があるように見える程度である[17]。延享二年（一七四五年）に銅の代りの輸出品となった俵物を扱うためにできた築町の「俵物会所」（天明四年（一七八五年）に「俵物元役所」と改名、現十八銀行本店[18]）のような「役所」は東浜町そばの銅座跡には見当たらない。すると、おそらく「銅座跡中川屋」に対する債務の一部返済が持ち込まれたという「銅座跡役場」とは[19]、「銅座乙名詰所」のことで、中川屋とは町乙名の一人であったのではないだろうか。借主は元々銅座跡からさほど遠くない大浦弁天崎の外国人居留地造成工事のために中川屋に寄宿していた者で[20]、その関係上、工事の総仕上げのための金穀融資をも願い出たということであった[21]。

次に中川屋の米支給の「通帳」について、当時の大坂両替商の間では「差引帳」[22]ないし「当座取引通帳」[23]というものが存在していたが、本件中川屋の場合、通帳そのものが残っていないので訴状に添付された「貸金并米代勘定書」から推測するほかないが、文久元年八月一一日（一八六一年）に債務者から金二〇両（約二六四万円）を受け取ってから米の支給が始まっているので、八月一一日の入金をもって通帳が作成され、その後入金はなかったので、九月二七日に通帳が閉じられるまで「つけ」すなわち当座貸越ということになったのであろう[24]。

問題はこの米の当座貸越がはたして無担保の信用貸だったのかどうかである。本件は公共工事の請負業者に対する貸付で、公共工事の勘定場の役人が保証人となり、かつ訴訟も同保証人・役人を相手取ったものであった。中川屋は保証人の役人を相手取った訴訟の展開の中で、根証文として提供された家屋敷よりも返済期限超過後に保証人からとりつけた返済確約の「証拠書」を重視するようになった[25]。しかし、家屋敷も保証人も、その提供ないし連判時点においては、将来の貸米を担保ないし保証する[26]、現代の言い方でいう「根担保」ないし「根保証」の機能を果たしていた可能性がある。

問題は「借用金証文」の額面金額との矛盾をどう説明するかである。たしかに当時大坂の両替商の間では近代大陸法系の「極度額」（Höchstbetrag）[27]に相当する「通い尻請合」の限度額（通帳の末尾が釣合わない分の限度額を明示して負担する）概念が存在しなかったわけではない[28]。ただし大坂でも常に「通い尻請合」の限度額が記されたわけではなく、記される場合も証文の頭ではなく末尾に追記された。この点、本件の中川屋は大坂ではなく長崎の商人であった。本件で根証文として提供された土地家屋の売却予想価格は不明である。ただし、興味深いことに「借用金証文」二通は、「借用主」こそ前者が長崎今鍛冶屋町の勝木屋、後者が天草郡の勘四郎と別々であったものの、根証文として提供された物件はともに「私所持之屋敷一ヶ所建家表三間入六間」（一八坪）で寸法が全く同じであり、これは二人の持ち家がたまたま同じ寸法だったと考えるよりは、最初の勝木屋の同一の家屋敷が提供されたと考えるべきだと思われる。建家寸法しか書いていないように見えるのは長崎の町中で軒を連ねた町家の一軒だったからではないか？そもそも長崎の町中の商家が金三〇両（約二六四万円）で、天草郡の田舎の同寸法の家屋敷が金五〇両（約六六〇万円）でもっと高いということがあるだろうか？長崎の前述の寸法の町家なら少なくとも金八〇両（約一〇五六万円）の二、三倍はしたのではないか[29]？さらに興味深いことに、中川屋が文久二年一二月六日付の「手続書」に添えて本件借用証文二通の写をもう一度作成して提出した際には二通目の文面を一通目と同一であるとことわって省略した[30]。このような書き方になったのは、まさに中川屋が「根証文」対象物件も同一であるという認識をもっていたからではないだろうか。同一物件が二度にわたって根証文として提供され、その価格が借金の合計額よりも一桁高かったとすれば、それがそのまま米代まで担保するものであった蓋然性は高いといわなければならない。

そして、貸金三〇両と五〇両の両方の証文に保証人（請人）として登場する矢嶋清兵衛は本公共工事の勘定場役人であったが、返済期限が過ぎてしばらくたった文久元年一一月に「証拠書」を提出して貸金だけでなく米代を含めた金二二〇両の支払いを約束している[31]。

また貸金の利率は、出訴当時（文久二年一月二九日）は前年末の勘定で出訴したようで、貸金三〇両に対して一両二歩すなわち一両半（八月から一二月末まで五ヶ月分〇・三両×五＝一・五両）、貸金五〇両に対して二両（九月から一二月末まで四ヶ月分〇・五両×四＝二両）で、それぞれ元金あたり月一歩（一％）の割合であった[32]。これは家質金としては割高に思われる。たとえば大坂において家質による貸銀の年利は「五朱七朱八朱」[33]（「朱」は金の単位ではなく銀本位制でのことなので利率％に相当[34]）で、月利に置き換えて〇・四二％〜〇・六七％であった。従って、おそらく貸米に利子がつかない分を補填した利率をかけたのではないかと思われる。そして同様のことが根証文についても言えないだろうか。

以上を総合的に考えて、本稿は、本件の根証文は（米の）当座貸越を担保するという、現代の「根担保」に相当する機能を果たしていたと推論する。

（ハ）美濃屋文書の根証文受領書

徳川林政史研究所の美濃屋文書には辰年正月二七日付けで名古屋万屋町の美濃屋（武山）勘七が、「山村甚兵衛様御屋敷調達方御引当御根証文壱通」を「町御役所」より受領し終えた旨の覚書（根証文受領書）がある（図12）[35]。徳川林政史研究所によると、美濃屋勘七は嘉永期に町奉行御用達となったということなので、嘉永期に辰年はないこと

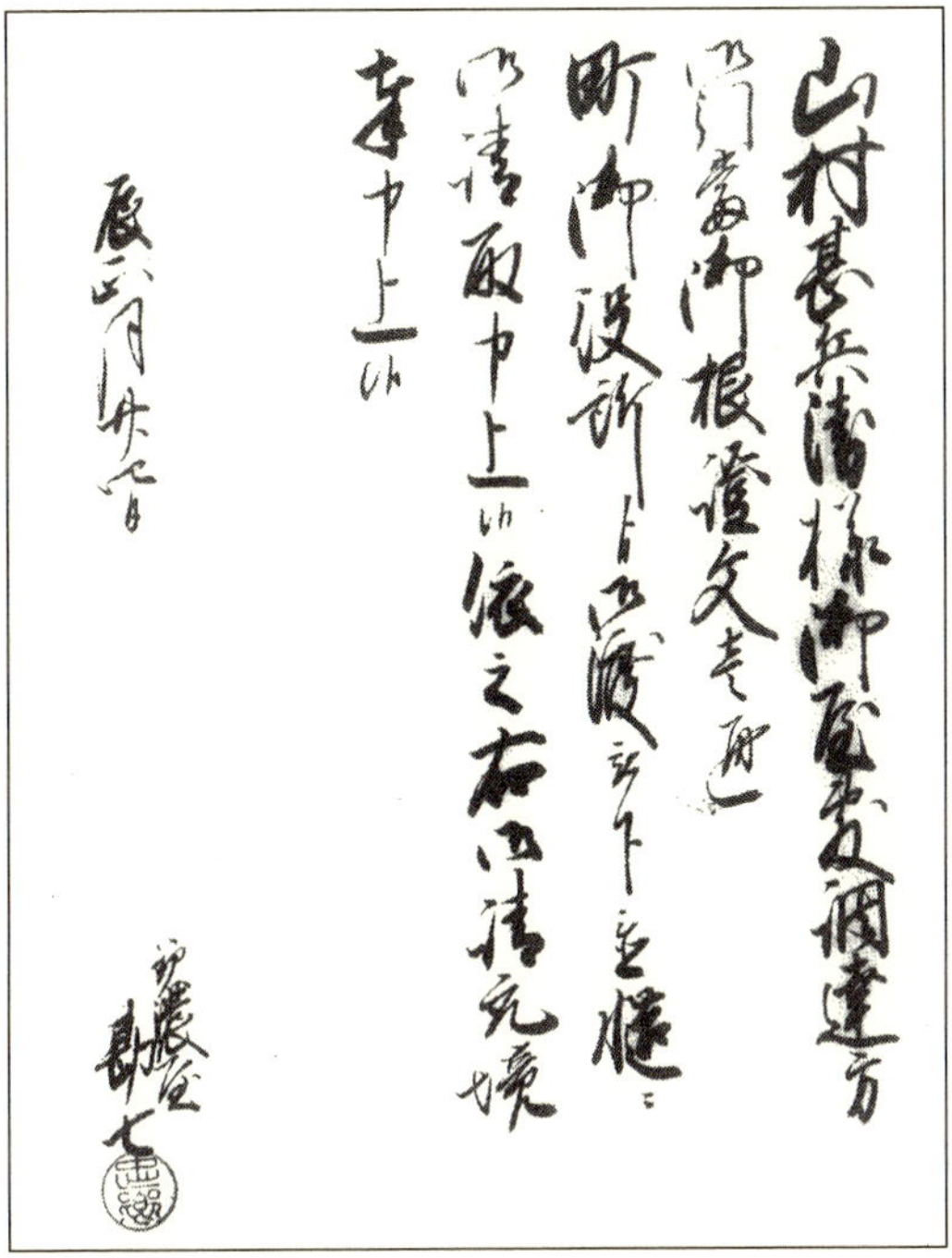

図 12　美濃屋文書 47　徳川林政史研究所蔵

からすると、これは、おそらく安政三年正月二七日（一八五六年）のことではないかと推測される。次の慶応四年（戊辰一八六八年）ではないであろう。

美濃屋文書は「根証文」が京、大坂、堺、長崎、江戸の長崎貿易五ヵ所商人のいた都市以外（名古屋）でも使われていたことを示す重要な例である。時期は幕末である。

貸主、美濃屋勘七は『名古屋市史』によると木綿問屋で[36]、天保一一年二月（一八三九年）の名古屋商人間の家格を示す「名古屋分限見立角力」番付では西前頭一番に挙げられており[37]、慶応年間においても勝手方用達十人衆の一人であった[38]。

借主、山村甚兵衛は「襲名」で、初代良勝（タカカツ）は元信濃の木曽義昌の家臣、関ヶ原の戦で徳川家康に組し、大坂の陣で尾張家に仕え、御公儀での待遇は「番頭並一万石の格式、江戸城柳之間詰（大広間詰の次）」であった[39]。本件根証文の山村甚兵衛とは第一二代良祺のことと思われるが、仮に辰年が慶応四年のことであれば第一三代良醇であろう[40]。

前後の文脈が不明なので確かなことは言えないが、本件の根証文を受け取ったので調達方を正式に受注したと読み取れるため、その段階で調達費用は未確定であった可能性が高く、従って本件根証文は不確定債権の一応の担保の例とみることができよう。

（二）足立程十郎の根証文

これについては本馬貞夫氏の詳細な研究がある[41]。それによると、慶応四年二月（一八六八年）、突然「新政府」の「長崎裁判所」の府判事を名乗る井上聞多（のちの井上馨）が長崎会所を占領し、長崎会所の会津藩に対する債権を回収するという名目で長州藩の会津征伐資金を調達しようと企て、当時会津藩用達であった田辺屋（足立）程十郎が長崎において私有しすでに唐商に売却済みの和人参（会津産朝鮮人参）二万四千斤（一斤＝一六〇匁＝六百グラムで計算して一四・四トン）あまりを押収した。これに対して足立程十郎が唐商に対する多額の違約金支払いを免れるために和人参の返却を願い出たものの、同年四月やむをえず井上聞多の強権に屈して金二万両（約二六億四千万円）のうち一万両（約一三億二千万円）を即金で支払い、残る一万両を八月中に支払うと約束、自己および親族の家屋敷五ヶ所を「根証文」として提供して（図2）（本書23頁）、和人参を何とか「買い戻した」事例である。この事例の根証文は「新政府」の立場に立って見れば確定債務（ただしのちに足立は債務不存在を訴え一部勝訴）の担保ということになるだろうが、後述するように江戸時代の慣行では利息債権が「第一次債権」と考えられていたため（76頁）[42]、明治「新政府」の頭の中もまだ江戸時代で、この家質根証文は将来の未確定の「第一次債権」の担保であったのかもしれない。もちろん、根証文は単なる担保くらいの意味であったと捉えることもできる。

(2) 江戸時代の根証文についての総括

以上の「根証文」(ないし足立程十郎の例にあるように「根証」とも)の実例をもとに根証文の性格について検討を加える。

「根証文」という言葉の用法をみると「家屋敷数ヶ所を根証(文)に差し出す」[43]とか「受用銀を根証文に差し出す」[44]など、ほとんど「担保」同様の意味で使われていたことが見受けられる。美濃屋文書四七ではまさに「引当」(担保)としての「根証文」であった。

「根証文」の対象を見てみると、家屋敷や受用銀(給料)か何らかの債権など、物理的に「質入」して引渡し占有移転することのできない資産が多いが、そのような資産だけでなく、石本平兵衛の入札株についての島原藩の「上納銀請負根証文」のように保証人(藩)の存在、あるいは津出根証文などにあるように本人または保証人が一定額の銀をいわば保証銀として用意しておくことを証明するために、つまり保証人や保証金の存在を証明し、保証金の代りに根証文を引き渡していたことが読み取れる。

その発生起源は家質根証文であったと思われるが、歴史的にみて、もともと売券・沽券状の質入ないし通常の売買の形式をとるものが多かったことはすでに見てきたとおりである。大坂において享保五年一二月一五日(一七二一年一月)の町触で「家質証文」というものを作成することが義務付けられたけれども、すぐに日本全国に流布したわけではなかった。少なくとも『大意書』の時代は長崎においては家質根証文でも停止条件付き売買形式をとっていたらしいことが伺える。ただし、この点は単なる家質設定方式の地方差かも知れず、根証文の起源には直結しないかも知れない。

以上の観察結果から導き出される一つの仮説として、「根証文」とは物理的な質入は難しいが、金公事扱いであまり保護されない「書入」とは違って「質」扱い、すなわち当時の裁判手続上、債権保護にあつい本公事扱いの担保設定方法の一つであったのではないかということが考えられよう。ただし、それでは例えば家質根証文は家質証文とどう違ったのかという問題が発生する。

長崎における唐紅毛荷物入札商売、つまり長崎会所が一括して輸入した商品の競売に参加するための要件としての根証文（第一章の入札株取得用の根証文）には、単に競売で水物（競落まで価格未定）の高額の入札代金を本当に支払えるかどうかを予め念のため大枠で担保しておくという「根担保」の意味だけでなく、独占輸入品の国内向け寡占販売カルテルの一環として各商人に入札額の枠を割り振る意味もあり、根担保とカルテルのどちらが主であったか、速断はできない。

次に落札品の長崎から上方への搬送に備えた津出根証文（第二章）の例はまさに長崎会所にとって「非常天災」（船の海難や火災）に備えての担保という意味が汲み取れる。この点では、中田薫博士の分析による鎌倉・室町時代の「万一の債務の担保」が江戸時代においても存在していた例と捉えられようか。実際、長崎会所からの落札商品の国内流通に関連する根証文は、流通商人が利子を支払って万一のリスクを上方の大手商人などに保証してもらっていたと思われるが、あくまでも印書のみの信用供与に対する利息で保険料ではなかったと考えられる。また実際に海難火災等により落札商品が滅失毀損した場合は、「仕法納根証文」という商品代価の長期年賦払いを保証する別の根証文が登場するので[45]、元の根証文の文言通りに担保権・債権が実行されることは少なかったと思われる。

唐紅毛荷物入札商売とは関係ない長崎会所からの借入金の保証人になった出島乙名附筆者（書記）の提出した受用銀根証文（47頁）は、保証人が自らの資力を証明するための根証文なので、万一の場合に備えた最後の手段としての担保というニュアンスがうかがえる。戊辰戦争期の長崎の足立程十郎の家質根証文（56頁）も、長崎会所等を占領した「新政府」に没収された財産の買戻しの際に、即金で買戻できなかった部分の担保に提出を迫られたもので、根証文の意味としては資力の証明という程度に思われる。

その一方で、長崎銅座跡の中川屋が受け取った根証文（安政五ヵ国条約に基づく長崎外国人居留地造成工事の資金および工事人夫糧秣の貸越支給の担保〜49—51頁）と名古屋の美濃屋勘七が町奉行所から受け取った根証文（小名屋敷調達資金の担保〜54頁）を見ると、長崎会所一括輸入品の国内競売と搬送と再販売のための根証文と同様に、あるいはそれ以上に、これから将来に向けて発生することが確実だがいくらになるか正確には分からない債権を担保するという文脈も見えてくる。これは、現代の根抵当の用法に非常に近い用法で、とくに長崎公共工事人夫への米の貸越支給の担保は機能的に現代の根抵当と同じと云ってよいだろう。

総合すると、江戸時代の「根証文」には「万一の場合」「念のため」の担保ないし保証人ないし保証金の存在をハンコで証明する機能があり、一部に現代の根抵当に相当する機能もあったと考えられる。

そこで、「根証文」という言葉のニュアンスを突き詰めてみると、ヒントになるのは江戸時代に存在した「枝証文」である[46]。枝証文とは複数の人から資金を集めた際に（江戸時代において返済義務のある貸金とそうでない出資金の区別は曖昧であった）個々の資金提供者に出した証文・手形・札類をいい（図13）[47]、各「枝」から連なって「幹」となる資金を集めたというような意味での「枝」（えだ）であった。例えば三井家の枝証文は様々な商人から大坂銅座への出資銀を集めたその受領証兼出資額証明書であり（図14）[48]、御公儀が経営する長崎貿易の資金流通に関与していたこ

図 13　前田宗五郎家文書請 119-6「掛屋敷組合持枝証文之事」、尼崎市立地域研究史料館蔵。「持」と「枝」の相似に注目

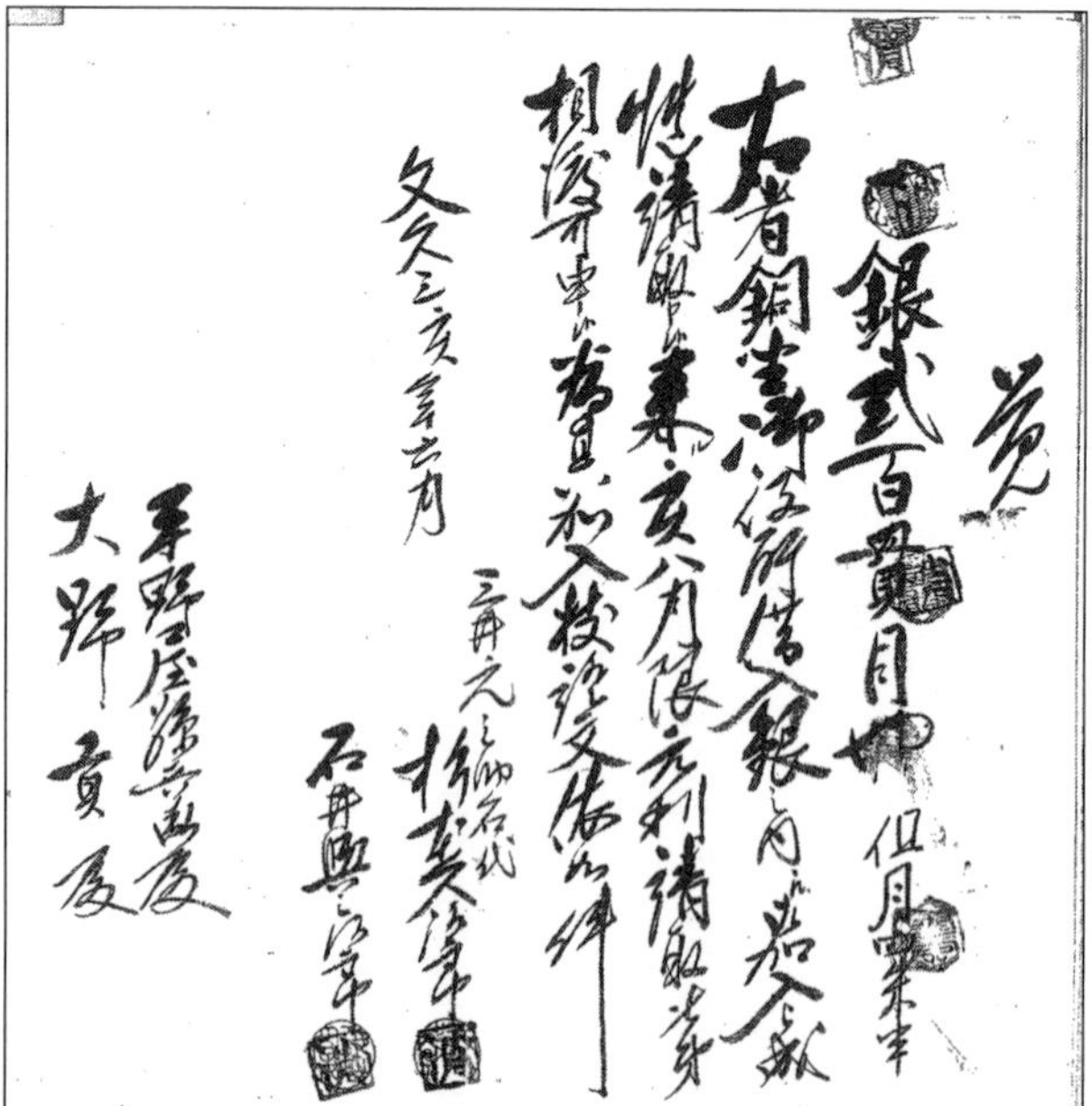

図 14　三井文庫、続 470-3 枝証文

とが明らかである。

このような「枝証文」の意味から「根証文」の「根」の意味を類推すると、やはり信用の「根」(ね)くらいの意味だったのではないかと思われる。信用を下から支える「根」という意味である。

江戸時代の日本人は、たとえば付従性(Akzessorität)などの概念も持たず、被担保債権の性質をとくにその将来性・現在性から分類するという視点も明確にはしていなかったと思われる。根証文の意味が「根」の字義そのままであったとしてもおかしくはないであろう。

1　武藤文庫一〇番「乍恐奉願口上書(改行)一、私儀兼而畳表并花蓆織方相心得存居候處、元来小身之者ニ御座候得者、仕込方不行届時々搾遣シ難出来難渋仕候。依之近頃恐多御願事之御座候得共、御銀三貫目為元手拝借被為仰付被下候ハヽ、御蔭を以家族養育仕難有奉存候。尤返上納之儀者出嶋乙名附筆者小柳茂輔受用銀為根証文差出拾ヶ年ニ皆上納仕度奉存候。此段以言付奉願候。以上(改行)文政十三年寅二月(改行)宗次郎(改行)木下勇之助殿」。武藤文庫9番「一札之事(改行)一、今般八幡町宗次郎畳表并花蓆産業奉願候ニ付、私受用銀為根証文年限中宗次郎江備渡候處相違無御座候。依之本人未納仕候節者右産業銀年限中私受用銀より於長崎会所御引取相成候而差支候筋無御座候。為後証一札差出置候處仍而如件(改行)文政十三年寅二月(改行)東濱町　帳面(改行)小柳茂輔(印)木下勇之助殿」。

2　長崎県史、史料編第四(一九六五年)八〇七―八一七頁。

3　武藤文庫二八二番の「貸金并米代滞出入」(関連文書が武藤文庫二七一、二八一、二八九番にあるが、いずれも二八二番より後のもの)。

4　大浦弁天崎の下り松側に大浦川の水路を残して五七九一坪を埋め立てた。一八六三年にはイギリス領事館が下り松海岸(band)に移転した。これは九州大学附属図書館「桑木文庫」四六一号の安政六年(一八五九年)長崎梅香堂再板「肥前長崎図」にある「大浦ツキダシ」(第一次造成工事)に続くものと思われる。

5　武藤文庫の中に銅座跡の中川屋儀平が提起した貸金出入が、この件以外でも二八〇番、二八三番、二八四番、二八五番に見える。

6 提訴日は、武藤文庫二八一番「手続書」（文久二年一二月六日付）に「…恐多儀ニ候得共当正月廿九日御訴訟奉申上候…」、同二八二番「乍恐以書付御訴訟奉申上候」（文久二年付）に「正月元日夜仲間体之者参り…当月晦日矢嶋清兵衛相手取御訴訟奉申上候…」、同二八九番「乍恐奉再願候口上書」（文久二年一二月付）に「一、当正月晦日新大工町矢嶋清兵衛相手取貸金并米代滞金弐百弐拾壱両弐朱之出入御訴訟奉申上候…」とある。

7 武藤文庫二八二番付「貸金并米代勘定書」には二回目の貸金は「酉九月四日」付で同二七一番付「貸金并米代勘定書」も同様であるが、同二八一番「手続書」には「九月三日」とあり、同文書付「貸金并米代勘定書」は該当ヶ所空欄。

8 武藤文庫二八二番「酉八月十一日より同九月廿七日迄通帳を以追々貸渡候米代」。

9 武藤文庫二八一番の「借用証文写（改行）一、金子三拾両之定（改行）右之金高無據就要用御相談申上候処御心能御承引被成下右金高慥ニ請取借用仕候処明白実正也。尤返済之儀者来ル九月末限り御定之利足相加江元利之辻少茂無相違御返納可仕候。万一相滞候節者私所持之屋敷一ヶ所建家表三間入六間根証文として差出シ置候間御勝手ニ御取斗被下候共其節ニ至り一言之異議申上間敷候。為其加印相立置候上者聊相違無御座候。為後念借用証文仍而如件（改行）文久元酉八月（後略）」、「借用証文之事写（改行）一、金子五拾両（改行）右之金高前文之通ニ御座候（改行）文久元酉九月（後略）」。五〇～五一頁に掲載した武藤文庫二八二番所収の金五〇両の「借用金証文之事写」と同じ文面だが、二八二番の金三〇両の「借用金証文之事写」は対象物件を「私所持之建家表三間建家表三間入六間」と重複誤記し、最初の「建家表三間」の上に別紙を貼り、「屋鋪壱ヶ所」と訂正してある。

10 それぞれ武藤文庫二八一番「手続書」添付の「借用証文写」、同二八二番及び二八一番の「貸金并米代勘定書」、同二七一番の「貸金并米代勘定書」の表現。

11 武藤文庫二八九番「銅座跡中川屋儀平」。

12 武藤文庫二八一番「（文久元年酉十二月）廿八日と相成候処（矢島）清兵衛方より仲人体之者銅座跡役場江参当金五拾両差入申候」。

13 布袋厚『復元江戸時代の長崎』長崎文献社二〇〇九年五一頁（本文及び地図）九一頁（本文）復元図4。

14 九州大学附属図書館九州文化史資料部門「三奈木黒田家文書四二四番」に銅吹屋と銅釜吹所の表記。http://record.museum.kyushu-u.ac.jp/nagasakiezu/ZOOMAminagi424/No_424/index.html（二〇一一年一月一七日閲覧）。

15 布袋厚二〇〇九年五一頁（本文及び地図）九一頁（本文）復元図4。

16　布袋厚二〇〇九年復元図四、長崎歴史文化博物館蔵の「長崎諸地図」が出典と思われる。
17　九州大学附属図書館九州文化史資料部門嘉永三年文錦堂板（享和二年（一八〇二年）板の再板）http://record.museum.kyushu-u.ac.jp/nagasakiezu/18nagasaki630.html
18　布袋厚二〇〇九年一三〇～一三一頁。
19　武藤文庫二八一番「（借主請人矢島）清兵衛方より仲人体之者銅座跡役場江参当金五拾両差入申候間」。
20　武藤文庫二八一番「去酉八月今鍛冶屋町勝木屋栄次郎より相談仕候天草須子村勘四郎之申出候大浦弁天崎御埋地請負仕自分宅江上宿仕居候処」。
21　武藤文庫二八一番「御埋地八九分迄成就致居候得共、皆仕上ヶに不相成候而者…奉対　御上様恐多御座候間金米貸呉間敷哉」。
22　竹内一男『鴻池與三吉家差引帳の紹介～江戸時代両替商預金元帳に現れた貨幣流通事情』三和銀行経済季報昭和五一年秋季号、その一部、久宝寺屋と葭屋相手のそれぞれの差引帳の文政七年分が谷啓輔『金融約定成立史の研究』（東京、経済法令研究会一九九四年）九～一二頁に引用され、解説が加えられている。
23　東京大学法学部、京阪文書第四二輯七号の天保二年正月付けの「両替当座取引通帳預り之事」参照。谷啓輔一九九四年二一～二七頁にはこの他、鴻池彦三郎の例と合わせて解説されている。
24　武藤文庫二八二番付「貸金并米代勘定書」には「一、金百六拾両弐朱（改行）内金弐拾両同（酉）八月十一日請取」とあり、米の支給開始日に金二〇両を支払ったということだと思われる。
25　武藤文庫二八一番「右之通倅名前ニ而証文取置候得共、矢嶋清兵衛より左之通証書請取候ニ付、右証文者不用ニ相成候儀与奉存候」。倅とは中川屋八十吉。左の証書とは矢嶋清兵衛の「證據書之事」。
26　フランス語は保証も担保も同じ言葉で cautionnement。
27　ドイツ民法典ＢＧＢ一一一〇条。
28　谷啓輔「総合口座取引における貸越（2）」手形研究（一九七四年）一八巻二一四号三五～三六頁。谷氏は『大阪市史』第五、五一三頁所収の「通い尻何貫目程可請合」すなわち「貸越極度額何貫目程まではお引き受けいたします」という決定的な文面を『大阪市史』第五、五五二頁所収の「根抵当預証文」例の後に続けて引いている。「通い尻」云々は、明治一五年五月に大阪商法会議所（現商工会議所）より参事院法制部に対してなされた商事慣習報答書の一部ということだが、当時はまだ幕末の金融取引に通じた両替商が健在であった。『大阪市史』について本書67―68頁参照。

29 ちなみに長崎歴史文化博物館県書一四・四六三―三「庶務課庶務係事務簿、足立程十郎人参販売一件書類、附属書類第一号」の慶応四年八月付「差上申家屋舗根証文之事」にある長崎古川町の足立とくの家屋敷「表口弐間五尺七寸五分、但七合五勺入町並、土蔵壱戸前弐間半ニ三間、代金五百両」とある。

30 武藤文庫二八一番「借用証文之事写、一、金子五拾両、定、右之金高前文之通ニ御座候、文久元酉九月、天草郡須子村借用主勘四郎（以下略）」。

31 「證據書之事、一、金弐百二拾両也（改行）右者弁天崎御埋地請負人之内天草須子村勘四郎并当所勝木屋栄次郎貴家より借用金合高書面之通追々日延之末当月廿九日限返済可致約定者拙者儀茂承知仕候。就而者若万一本人共間違故障筋等申立候共、拙者方より無相違相渡可申候。為後日證據書差出置申処仍如件（改行）文久元年酉十一月（改行）弁天崎御埋地勘定場矢嶋清兵衛印（改行）中川儀平殿」（武藤文庫二八二番、二八一番、二七一番）。

32 武藤文庫二八二番「貸金并米代勘定書」「酉八月四日、一、金三拾両、此利金壱両弐歩、正金貸証文有之但酉八月より同極月迄、五ヶ月壱歩利足。酉九月四日、一、同五拾両、此利金弐両、正金貸証文有之、但酉九月より同極月迄、四ヶ月右同断」。但し、武藤文庫二八一番「手続書」付「貸金并米代勘定書」には、「一、金三拾両、此利金壱両弐歩」に並べ「同三両九合」と記し下の但書にも「戌正月?より同極月迄十二ヶ月分」と併記、同様に「一、金五拾両、此利金弐両」に並べ「同六両弐歩」と記し、下の但書にも「戌正月より同極月迄十三ヶ月分」と併記してある。金五〇両につき一三ヶ月で六両二歩から月一歩（%）の利率と分かる。すると金三〇両につき一二ヶ月で三両九合とは三・六両の計算となるが、文久二年は閏年で閏月を入れて一三ヶ月あったことから、一二ヶ月が一三ヶ月の間違いだとすると三両九合とは三・九両のこととなる。

33 『大阪市史』第三、四八六頁所収の「覚」「一、是迄大坂表家質銀取引之儀、壱ヶ年切之証文ニ而、利銀相対を以、五朱七朱八朱之積を以取引仕候、家質を以借入仕候ハ、商売元手或ハ銀払底之砌、無是非家質ニ差入候儀御座候、…」

34 石井良助一五二頁。

35 美濃屋文書四七。「山村甚兵衛様御屋敷調達方御引当御根証文壱通町御役所より御渡被下置慥ニ御請取申上候。依之右御請取境奉申上候（改行）辰正月廿七日（改行）美濃屋勘七（印）」。「境」は「おわる」で中世の「おわんぬ」に近い用法か。

36　名古屋市役所『名古屋市史地理編』一九一六年一六七頁。

37　『名古屋市史政治編第二冊』一九一五年三六八～三六九頁間の綴込み。

38　『名古屋市史政治編第二冊』三六八～三六九頁。

39　『名古屋市史地理編』九二八～九三一頁。

40　『名古屋市史地理編』九三四頁。

41　本馬貞夫「会津藩用達足立家について～幕末長崎の人参貿易商～」長崎談叢六九輯（一九八四年）五五頁、六〇～六一頁、八六～八八頁「差上申家屋舗根証文之事…右は当節御下渡被成下候人参代金壱万両之引当として書面家屋敷土蔵共根証差出候処相違無御座候。然ル上は当八月限御約定之通右壱万両之辻聊無相違上納可仕、若万々一其節ニ至り納方不束之義も御座候節は、右引当之家屋敷御勝手ニ御引上相成候共一言之異議申上間敷候。為後日根証文差出置候処仍如件（改行）慶応四年辰四月（改行）東浜町田辺屋程十郎（改行）本興善町陽きみ（改行）本古川町足立とく（後略）（改行）御商会所」（長崎歴史文化博物館「庶務課庶務係事務簿、足立程十郎人参販売一件書類、附属書類第一号」）。

42　谷啓輔『金融約定成立史の研究』経済法令研究会一九九四年一三三～一三四頁。

43　武藤文庫二八二番や長崎歴史文化博物館「庶務課庶務係事務簿、足立程十郎人参販売一件書類、附属書類第一号」など。

44　武藤文庫九番と一〇番。

45　三井文庫、本一六七〇―三「五ヶ所宿老共江」。神刀丸破船、三社丸焼失。

46　山口栄蔵「枝手形について」日本古文書学会編『日本古文書学会論集一三巻近世Ⅲ近世の私文書』（東京、吉川弘文館一九八七年）二二六頁、二三〇頁。

47　例、尼崎市立地域研究史料館「前田宗五郎家文書」請一一九―六「掛屋敷組合持枝証文之事」「大坂堂嶋新地弐丁目ニ而…右家屋敷壱ヶ所、京都椹木町室町東入丁銭屋利助殿より、此度我等名前を以、銀高百五拾貫目譲り受、御互ニ相談之上、左之通歩方組合持也。五歩持出銀一銀七拾五貫目泉屋利兵衛、弐歩持出銀一同三拾貫目山田屋一右衛門、三歩持出銀一同四拾五貫目前田良蔵、〆百五拾貫目也。右之通組合持ニ致候上ハ、自今以後諸入用并家賃御用銀者、歩合ニ応シ割符可致候、尤此後幾年相立候共此証文相用可申候、且譲受証文組合ニ而入用之節ハ、何時ニ而も持参可申候。我等名前人ニ而譲受証文預り置候故枝証文仍而如件（改行）摂州川辺郡寺本村前田良蔵（改行）文化四卯年八月（改行）泉屋利兵衛殿」（尼崎近世古文書を楽しむ会、山本勝三氏解読、一部現筆者修正）

48 三井文庫、続四七〇—三「覚（改行）一、銀弐百貫目也、但月四朱半（改行）右者銅座御役所借入銀之内江御加入被成慥請取申候。来ル亥八月限元利請取次第相渡可申候。為其加入枝証文依如件（改行）文久三亥年六月（改行）三井元之助名代杉本久治郎（印）石井與之治郎（印）（改行）平野屋孫兵衛殿（改行）大野貢殿」

第四章　江戸時代の「根抵当取引」と呼びうる金融取引

本章では、谷啓輔という元三和銀行（大坂鴻池両替商の流れを汲む）行員で島根大学教授を務めた研究者が、金融実務に通じた視点から江戸時代の金融取引を鴻池らの一次史料を元に分析した稀有な研究業績をもとに現在の金融実務の視点から見て「根抵当取引」と呼んだ江戸時代の金融取引実例を簡単に振り返ってみたい。谷氏の研究は『金融約定成立史の研究〜上方での両替取引に探る』（東京、経済法令研究会一九九四年）にまとめられているが、全般にそのもとになった経済法令研究会の雑誌「手形研究」や島根大学法文学部の「島大法学」上の論考の方がより詳細である場合が多い。本項では谷氏が用いた一次史料、とくに鴻池文書や井原西鶴『世間胸算用』、『大阪市史』第五所収の大阪昔時両替証書文案中の「根抵当付置証文」および「預証文」などをみてみたい。

大阪市参事会編『大阪市史』一九一一年第五所収の「大阪昔時の信用制度」は元来『大阪銀行通信録』第二九号から第三六号にわたって掲載されたもので、それは明治三三年（一九〇〇年）三月五日から九月一五日にかけて、大阪銀行通信録編輯部が明治維新以前に両替屋に勤めていた者、すなわち積善銀行の渡邊庄助、大阪貯蓄銀行の西村勘兵衛、鴻池銀行の蘆田安三郎、山口銀行の越野嘉助、横浜正金銀行神戸支店の清水良介、同野田吉兵衛、堂島米穀取引所進藤仲買商店の金場佐助または平助、丸亀の近澤弥助（明治維新前、十人両替加島屋作五郎方にて奉公）そして百三十銀行の植田庄三郎の計九名の講話会を九回にわたり大阪銀行集会所において開催し、その要旨を記録したものであり、最後の第六回目に匿名で提供された証文類を参考資料として掲載したものである。

(1) 鴻池文書（大坂、天保七年一八三六年頃）

谷氏は旧三井銀行調査部所蔵鴻池文書の中の天保七年（一八三六年頃）の鴻池屋彦三郎の「根抵当預証文」を紹介している。ただし「根抵当預証文」という名前については、鴻池文書のこの史料の本文は京都大学文学部図書室の分類番号「国史つ1／343／5」の大阪商工会議所の用箋に手書きで書写された『大阪商業史資料』巻五「金融ニ関スル件[1]」三〇枚目（五—三〇）の「一札」と完全に同内容なので、「根抵当預証文」とは明治時代に大阪商工会議所の編集者がつけた見出しに過ぎないことが明らかで、原文は「一札」ないし「一札之事」であったと思われる。その内容は、

「一、其許所持之家屋敷、今度両替通取引振過為引当、質物証文ニテ慥ニ請取預リ置候、然ル上者取引不足銀相滞候ハゞ、右質物ニテ致勘定、残銀相渡可申候、猶又利足之儀者質物証文ニ不拘、相対之通、日歩ニテ取計可申候、為念預リ書仍而如件」[2]

これを現代語訳すると、

「貴殿所有の家屋敷を、このたび『両替通（りょうがえとおし）取引』すなわち今で言う銀行の当座預金の通帳取引における『振過』すなわち貸越（overdraft）の担保のために、質物証文をもって確かに受領し預り置きます。従いまして、貸越金のご返済が滞りましたら右の質物を売却して債権に充当し、残金をお返し致します。なお、利息につき

ましては質物証文の文言にかかわらず、ご相談の上、一日当りの利率を計算して処理します。念のため、この通り預り証を認《したた》めます」

というものである。

見出しは別として本文に「根」の字も「抵当」(hypothec)の字もない。しかし、これは内容的に、明らかに継続的な当座通帳取引の中で将来発生する額の確定しない債権を担保するために、債務者の不動産を担保にとった、つまり根担保にとったことを証明するものである。

なお、「両替通取引」は、天保二年正月(一八三一年)の(京)西陣堅社北半町松屋利兵衛と妻このの連名による平野屋又兵衛宛て「両替当座取引通帳預り之事」[3]や、天保七年(一八三六年頃)鴻池彦三郎宛の「当座取引置証文之事」と題する両替取引通帳の置証文のひな形(いわば普通約款で、その内容は「『両替取引通帳』と『我等印形之書面を以可致取引候』、すなわち通帳と届出印鑑を押捺した書類の両方をもって取引すること」)[4]に見るように、一八三〇年代には標準化(普通約款化)が進んでいた両替当座通帳取引のことである。

(2) 井原西鶴『世間胸算用』(大坂、元禄五年一六九二年頃)

谷説は、『世間胸算用』の「問屋の寛濶女」(気性の派手な女の意で、以下「伊達女」と意訳する)から次の件(くだり)を引いて、すでに元禄時代、大坂の両替商が伊達女の亭主(問屋)の当座預金通帳から貸越を許していた実態を示すと解釈している[5]。

「近年、銀なしの商人共、手前に金銀有ときは利なしに両替屋へ預け、又入時は借る為にして、こざかしきもの振手形といふ事を仕出して、手廻しのたがひによき事なり。

此亭主も其心得にして、霜月の末より、銀弐拾五貫目念比なる両替屋へ預け置、大払の時、米屋も呉服屋も味噌屋、紙屋も肴屋も、観音講の出し前も揚屋の銀も、乞にくるほどの者に、其両替屋で請とれと振手形一枚づつ渡して、万仕廻ふたとて、年籠りの住吉参、胸には波のたたぬ間もなし。こんな人の初尾（穂）は、うけ給ふてから気仕かひ仕給ふべし。

されば其振手形は、弐拾五貫目に八十貫目あまりの手形持かくる程に、両替には、算用指引して後に渡そふ、振手形大分有と、さまざま詮議するうちに、又掛乞も其手形を先へ渡し、又先からさきへ渡し、後にはどさくさと入りみだれ、埒の明かぬ振手形を、銀の替りに握りて年を取ける[6]」（傍点筆者）

これを現代語訳すると、

「近頃、銀なしの商人たちは、手元に金銀あるときは無利子で両替屋に預け、また必要なときに借りられるようにして、小賢しい者は振手形というものを考案して、互いに融通がきくことである。

この伊達女の亭主も、その要領をよく心得て、一一月の末より、銀二五貫目（約一億六千万円～ix）をなじみの両替屋に預け置いて、年末の決算のとき、米屋も呉服屋も味噌屋も紙屋も肴屋も観音講の出し前も揚屋の銀も、請求にくる者にはみんな、その両替屋へ行って受け取れと振手形を一枚づつ渡して、万事これで済んだとばかり、大晦日には住吉神社にお参りして、心に波風の立たない瞬間はない。こんな人の初穂は神様も受けてからご心配遊ばされるに違いない。

そうすると、その振手形は二五貫目（約一億六千万円）の預銀に対して八〇貫目（約五億円）以上の手形を持ちかけた計算で、両替屋には勘定を差し引きして後でお返ししましょう、（現銀のかわりに受け取った）振手形が手元にまだ大分ありますから云々と、色々交渉する間に、この間請求に来た者も受け取った手形をその請求先へ渡し、また請求先から請求先へと渡し、後にはどさくさと入り乱れて、交換もしない振手形を現金のかわりに握って年をとったそうだ。」

この件（くだり）は、元禄期において振手形（今でいう当座小切手[7]）という流通証券（negotiable instruments）がほとんど紙幣の如く流通していた有様をよく描写している。当時、上方の主位通貨であった銀が秤量貨幣（天秤で重さを量って使う貨幣）であったこと、そして上方では「さいふ（割き符）」や「切手」など鎌倉・室町時代から流通証券には事欠かなかった歴史に鑑みれば、別段不思議なことではない。

谷仮説の基本線は、二五貫目の預銀に対し八〇貫目以上の振手形を発行したのは、当座貸越（過振り、カブリ）にあたる、ということである。伊達女の亭主は預銀の他に取引先から現銀の代わりに受け取った振手形をもって自身の振手形の「不渡り」を免れているわけで、そのリスクを両替屋がかぶっている（過振り）といえばそうかもしれないが、ともかくこれを「当座貸越」だと主張するために、谷説は次の二つの論拠を挙げている。

①「されば其振手形は、二五貫目に八〇貫目あまりの手形持かくる程に」を「振過くる程に」と読む[8]。

②幕末維新期の両替商取引に詳しい者の証言（『大阪市史』第五巻五四五頁）。

①について谷氏は「持かく」では意味不明であり、西鶴が「達筆」過ぎて両替用語に詳しくない版木屋が「振」を「持」と誤解したのではないかという「強引な仮説」を立て、「持かくる」を「振かくる」すなわち「振過くる」（貸越）に改めて、②の幕末維新期に関する史料に出てくる「過振」（かぶり）と同じ意味だと読むという[9]。

確かに、先述の天保七年（一八三六年頃）の鴻池屋彦三郎の「預り書」に「其許所持之家屋敷、今度両替通取引振過為引当、質物証文にて慥請取預り置候」すなわち「貴殿所有の家屋敷をこのたび『両替通取引』すなわち当座預金の通帳取引における『振過』（貸越 overdraft）の担保のため、質物証文により確かに受領し預り置きます」という一文が見える[10]。

谷説はひょっとすると後述する②の幕末維新期史料（73頁）の「過振（かぶり）」すなわち振手形の「振り過ぎ」と「かぶり」の掛詞が存在し、両替屋が振り過ぎのリスクを「かぶる」ことを意味することから、これを逆に読めば「ふりか」であるというのかも知れない。しかし谷「ふりか」説が依拠する松好貞夫『日本両替金融史論』にある「ふりか」とは貸付を預金に「振り替へ」ることに他ならないので[11]、意味的には貸越でも「ふりかくる」という谷説の読みはおかしい。天保七年の鴻池屋彦三郎の「預り書」の「振過」も、まさに「ふりすぎ」以外の何物でもなかったのではないか。

そこで、筆者が京都府総合資料館所蔵の西鶴の該当書の江戸時代の木版本（図15）[12]をもって井ヶ田良治教授に分析を依頼したところ「持」に間違いなく振り仮名も「もち」と振ってあるという[13]。木版本を見る限り「振」の字と「持」の字は明らかに違う。さらに「持かくる」（下二段活用）は現代語にすれば「持ちかける」（下一段活用）で谷説の主張するほど「意味不明」ではない。西鶴の文脈に「持ちかける」説を入れると「預銀二五貫目に対して振手形八〇貫目以上を持ちかけて」おいて、それから自分が債務者から受け取った振手形を新たな担保にして両替屋と交渉したという解釈になり、それほど無理はないように思われる。西鶴の引用について重要な点は、むしろ当座勘定取引（期限を定めず当分の間貸借の勘定を記録しておく取引）[14]が元禄時代に存在したことを示唆していることであろう。

たしかに現代の翻刻において例えば「枝証文」を「持証文」と誤解する例が少なからず散見されるが[15]、「枝」と「持」は点の有無しか違わない（図13本書60頁）。しかし、「振」と「持」は全く違う。江戸時代の版木もさらさらと流れるように続けた崩し字であるため、谷説が主張するような江戸時代の版木屋が西鶴の直筆を「誤読」した可能性こ

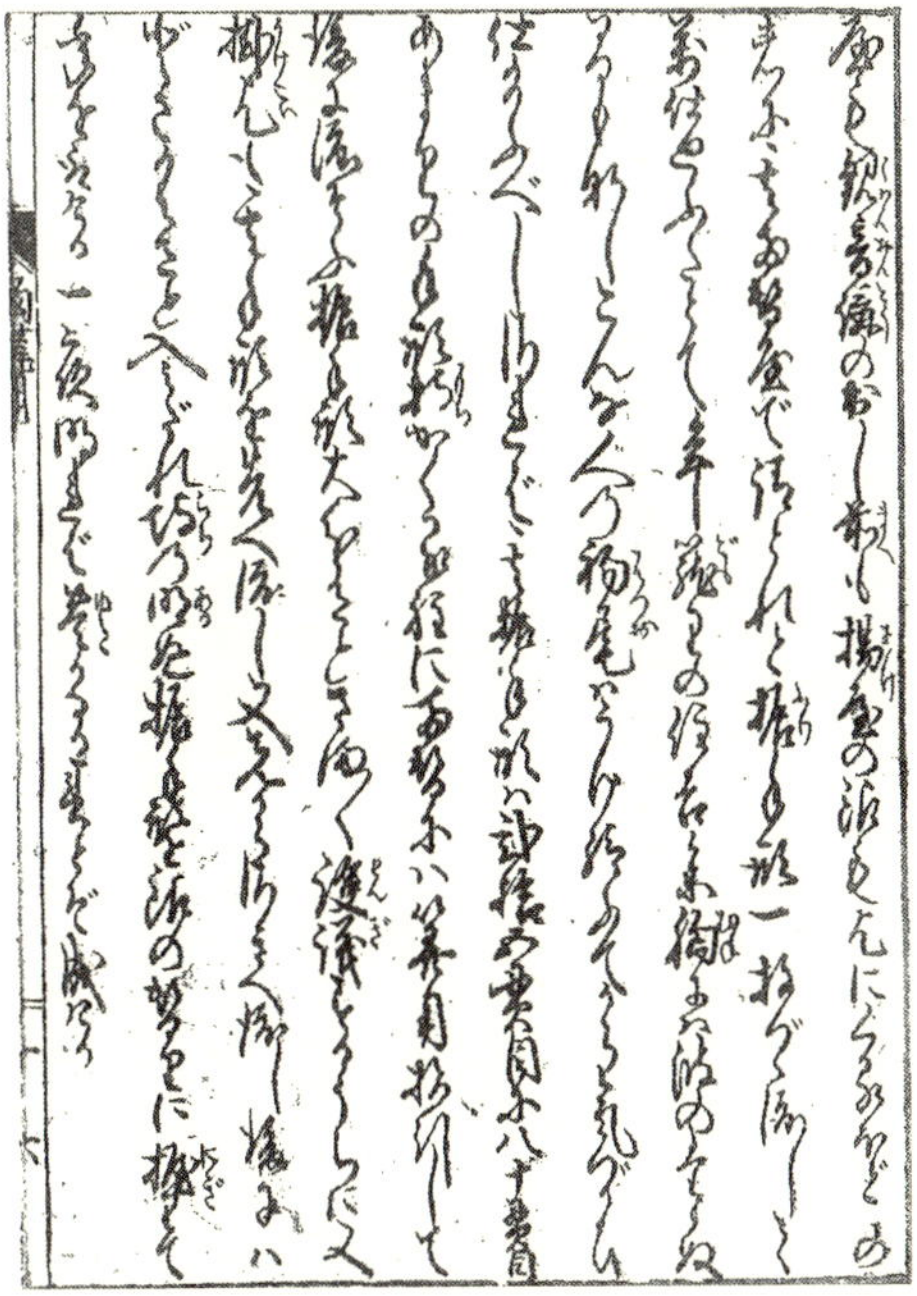

図 15　井原西鶴『世間胸算用』問屋の寛闊女、京都府立総合資料館蔵
2 行目中段に「振手形」、6 行目中段上に「持ち」

そ版木の作り方からして極めて小さいと思われるものの、もし西鶴の直筆を弟子が清書した紙が別にあってそこから版木が作成されたとすれば、清書における誤読ないし誤記の可能性もありえないとはいえないし、何より現代の活字への翻刻において江戸時代の版木を「誤読」する可能性はあるだろう。しかし、どのような「誤読」説であれ、常識的な方法論として、普通に読んで意味が通る場合には、よほど強力な証拠がない限り、採用すべき方法ではないと思われる。

一方、谷氏の論拠②、すなわち「大阪昔時の信用制度」は、

「商人は確実なる両替と取引を開き居れば、其家の信用を益（ま）すを以て、大両替と取引せんことを請求するを常とせしが、各両替の取引する商家は大抵一定しあり。代々取引を継続するもの多く、新に取引を開くは比較的少かりき。故に一旦其商家と取引を開き、信用を与ふる以上は、一

片の書面又は口諾に由りて過振を承諾し、別に証拠物を徴せず、過振及貸金に対しては、担保を徴する事無く、利息も大抵六朱位に過ぎず」16

という内容である。

すなわち、別に当座通帳取引があったからといって、当然のごとく根担保がとられたわけではない、ということである。谷氏の論拠②はしたがって、無担保で借主の才覚を見て当座貸越（過振り）を許す慣行があったというところへ向かう。それでは当座貸越すなわち根担保取引という谷説を支持しない。

結論として、天保七年の鴻池屋彦三郎の質物預証文は、根証文という言葉こそ用いていないが当座両替取引の振り過ぎに備えて根担保をとる慣行のあったことを実証している。西鶴の例は、当座勘定取引が元禄時代にすでに実在していたことを示しており、次章の元禄時代直前の商家の会計帳簿のありようを検討する上で有意義である。

(3) 佐賀藩大坂蔵屋敷家質取引

谷氏の「江戸時代の根抵当取引（上中下）」手形研究（一九七九年）二三巻二八七号、二八九号、二九二号は、同氏の『金融約定成立史の研究』（一九九四年）一〇六〜一四九頁に「蔵屋敷根担保取引」の題でまとめられているが、これは宝暦四年四月一二日（一七五四年）に大坂町奉行所に提起された、実質上、佐賀藩を相手取った不動産担保付貸金返還請求訴訟（「家質銀出入」）からうかがえる内容である。時期的には西鶴の元禄年間から鴻池文書の天保年間のちょうど中間である。ここでも証文類に「根」の字が出てくるわけではない。家質証文が単に「慥成（タシカナル）証文」と呼ばれていただけである。

この谷氏の論説は元来一九七八年五月の創価大学における社会経済史学会における三和銀行調査部嘱託（当時）竹内一男氏の研究発表「佐賀藩蔵屋敷家質公訴内済記録について」をより分かり易く再構成し若干の法的コメントを付したものであるという[17]。

事実関係の詳細は谷氏の研究に譲り、ここでは概略にとどめる。これは佐賀鍋島藩が大坂堂島川に面した蔵屋敷そのものを藩の借金の担保（家質）として提供したが返済できずに訴えられた事件である。蔵屋敷を家質に入れるということは、蔵屋敷に毎年搬送されてくる佐賀藩の年貢米の数ヵ年分の先物取引でも埒が明かなくなった場合に行われた、藩の借金の最後の究極の担保ともいうべきもので、貸主は担保権の実行として、蔵屋敷を貸家に建て替えて家賃収入を得ることを考えていたようである[18]。

谷氏の掲載する史料だけからはいつのことかは明確には特定できないが、元来、おそらく元文五年一一月（一七四〇年）のこと[19]、天満一一町目下半町の蔵屋敷の家質で銀百貫目、そして（藩の名前を表に出すと担保権を実行できない恐れが高かったので）同蔵屋敷の名義上の所有者とされ藩年貢米の堂島での処分の総支配人であった溝口善左衛門個人の天満船大工町の家屋敷の家質で銀百貫目の計二百貫目の借銀（どちらも実質的債務者は佐賀藩）であったものが[20]、その後一〇年余りのうちに利息が積り積って寛延三年六月（一七五〇年）の何らかの取極めを経て[21]、翌宝暦元年正月（一七五一年）の家質銀証文の書き換え（新旧証文の交換）の段階には債務は蔵屋敷分で五六〇貫目、天満船大工町分で一四〇貫目の計七百貫目に膨れ上がり、三年後の宝暦四年四月（一七五四年）に訴訟提起[22]、そのまた二年後の宝暦六年四月（一七五六年）の内済（示談）で百貫目を現銀で返済し、宝暦元年付の証文以降の利息は踏み倒し（すなわち藩への「奉公」）、残る債務六百貫目は五年賦（毎年一二〇貫目）利息は月五朱（〇・五％）で返済し、その担保として、宝暦元年付の古証文と引き換えに蔵屋敷の家質四七〇貫目、天満船大工町の家質一三〇貫目の新証文

の担保のための担保とはやや異質である。将来の不確定債権の担保のための

以上の経緯は、当座通帳取引のような継続的取引の担保とはやや異質である。将来の不確定債権の担保のための「根担保」というより、いわば一回限りの貸金契約が、担保物件はそのままに利息が積って一〜二回更改され、「和解」でもう一度更改されただけとも捉えられる。ただし元文五年一一月（一七四〇年）に銀二百貫目を借りるための家質がその一〇年余り後の宝暦元年正月（一七五一年）の証文の書き換え時に七百貫目を担保していて訴訟提起までさらに三年分利息が膨らんで約千貫目に達していたこと、その一九七九年現在の円の価値への谷氏による自主流通米価格からの換算推計は訴訟額千貫目＝六億七八五四万円（本書の推計では約二九億五一七〇万円〜ix - x）に対し蔵屋敷の価格が同地の一九七九年現在の地価で約二九億円であったこと[24]、そして江戸時代において不動産価格はほぼ一定で、かつ返還請求権を伴う貸金とそれを伴わない出資金や負担金の区別が曖昧であったので利息支払債務が「第一次債務」で元本支払債務は「第二次債務」であったと考えられること[25]を考慮すれば、これは、谷説の通り、今で言う根担保取引に相当するものであったと捉えるのが相当かもしれない。確かに現在の常識的視点からすれば途中で新たに借り入れをしたという証拠はなく、利息が膨らんだ「だけ」に見えるかもしれないが、江戸時代にはその利息こそが「第一次債権」であったことからすれば、一七四〇年の家質設定の時点で蔵屋敷等の担保価値はその当時の貸付額よりはるかに大きかったのは、将来発生すべき「第一次債権」を非常に幅を持たせて担保する長期の根担保契約が結ばれたからと捉えることもできるかも知れない。

（4）まとめ

元禄時代には振手形はいわば流通紙幣的機能さえ持つに至っており、両替商と商人の間の当座通帳取引が発達するに伴い、そこから発生する将来の未確定債権債務をあらかじめ担保しておく根担保（保証と未分化）制度が発達するようになったであろうことは想像に難くない。現実に少なくとも天保年間においては鴻池では根担保証文にあたるものの普通約款というべき「雛形」が作成されていた（69頁）。しかしそれを「根証文」と呼んだ実例はこれまでのところ見当たらない。

普通約款の存在は、その基礎となる個別の約定取引が相当以前から存在していたであろうことを示唆する。しかし、いつごろ、両替当座通帳取引に関連する機能上の根担保証文が発生し始めたのかは本稿の限られた研究では不明である。また、商人も代々世襲し、法人化という方法ではなく襲名の方法で取引の継続性を維持してきた江戸時代においては、両替商との取引は先代からの引き継ぎがほとんどで、また信用というものも資産だけでなく才覚と人間関係がものを言った時代であるので（73―74頁）、両替当座通帳取引の中でも根担保の提供のあったものがどの程度あったのかは、推し量るのが困難である。

また江戸時代中期以降の佐賀藩の大坂蔵屋敷の質入れ事件では、当時、利息債権こそが元金以上に重視されていたことから見て、長期的な取引の中で将来発生すべきそのような未確定債権をあらかじめ大きく担保しておくという意味があり、その意味で現在の根担保に通じる取引があったという谷説には一定の説得力はあるが、それにも「根証文」という名前の証文が使われたという証拠はない。

しかし、これら江戸時代の継続的な通帳取引等の存在は、法制度の近代化とともに根担保の一般概念化ないし命名が行わる素地を提供していたとはいえよう。端的に言えば、江戸時代、長崎輸入品の入札取引などで実際に使われていた根証文という言葉が、法制度の近代化を経て根担保・根保証という一般概念に成長して銀行の継続的通帳取引などの担保、つまり根担保に通じるようになるためには、もう一歩さらなる跳躍が必要であったと思われる。

1 大阪市参事会編『大阪市史』第五巻一九一一年に所収。
2 谷啓輔「金融取引約定成立史の研究（二）」（一九九〇年）島大法学三四巻四号二四～二五頁。
3 東京大学法学部架蔵京阪文書第四二輯七号（谷啓輔『金融約定成立史の研究～上方での両替取引に探る～』経済法令研究会一九九四年二二頁に現代語訳）。
4 谷啓輔一九九四年二五頁、旧三和銀行調査部鴻池文書の一と思われる。
5 谷啓輔「総合口座取引における貸越2」手形研究一九七四年一八巻二一四号三二～三三頁。
6 日本古典文学大系四八巻野間光辰校注『西鶴集下』岩波一九六〇年二〇〇～二〇一頁。
7 大阪市史第五「商事慣習問目並報答書案」（一八八二年作成）四九七頁。
8 谷啓輔「総合口座取引における貸越2」手形研究二一四号一九七四年三三頁。
9 同上。
10 谷啓輔「金融取引約定成立史の研究（二）」（一九九〇年）島大法学三四巻四号二四～二五頁。
11 谷啓輔一九九四年五〇頁、松好貞夫『日本両替金融史論』文藝春秋一九三二年一三七頁。
12 井原西鶴『世間胸算用』京都府総合資料館平成五年複写「貴五二七特八四〇―一九」（B五一九五一五）。
13 井ヶ田良治二〇〇九年八月一九日消印筆者宛はがき。
14 『日本永代蔵』「昔は掛算、今は当座銀」（日本古典文学大系四八巻「西鶴集下」一九六〇年四八頁）。
15 山口栄蔵二二八～二二九。この他、一橋大学附属図書館所蔵の岡田家文書の「目録」でも、目録番号一〇―一―三―四の加入枝証文之事は正確に読まれているが、同一〇―一―三―一九のものは加入「持」証文と誤読されている。
16 『大阪市史』第五巻五四三～五四五頁。

17　谷啓輔一九七九年手形研究二八七号五六〜五七頁。
18　谷啓輔一九七九年手形研究二八七号五九頁。
19　谷啓輔一九七九年手形研究二九二号六一頁三段。
20　谷啓輔一九七九年手形研究二八九号四一頁二―三段。
21　谷啓輔一九七九年手形研究二九二号六一頁三段。
22　谷啓輔一九七九年手形研究二八七号五七〜五八頁。
23　谷啓輔一九七九年手形研究二九二号六〇〜六一頁。
24　谷啓輔一九七九年手形研究二八七号五九頁。
25　谷啓輔一九九四年一三三〜一三四頁。

第五章　江戸時代の根目録

実は一七世紀後半、元禄時代の前の「寛文一二年三月七日（一六七二年四月四日）の長崎奉行の御触」に「慥成証文または根目録」という字句が見える。「根証文」が往々にして担保に提供する資産の目録の側面を持っていたことからすると（本書20―22頁）、興味深い。

この長崎奉行の御触は『寛宝日記』と呼ばれる史料に筆写されており、現在は長崎歴史文化博物館の所蔵する長崎県の県書一三・三四（寛永至宝永日記）と長崎市の市立博物館文書資料二一〇・七二・二（日記、寛宝日記）の二種類の写本が知られている。刊行されている森永種夫・越中哲也の翻刻『寛宝日記と犯科帳』（長崎文献社一九七七年）は前者の県書の翻刻である。県書と市資料の差は小さいものの、市資料の方がより古く原文にも近いかもしれない。というのは、左に見るように市資料は常に元号を記しているが県書は常に「右同」と略していること、市資料が「慥ニ證文」としている部分を県書は「慥ニ成證文」としており、通常「慥成」（たしかなる）で慥「ニ」の送り仮名はおかしいのだが、市資料のように「成」がなければ「慥ニ」（たしかに）という表現自体はありうることなどが挙げられる。以下、主に市資料に基づいて記述し、県書と相違のある部分は、市資料のみの部分を（丸括弧）で囲み、県書のみの部分を〈山括弧〉で囲んで区別することとする。かなについては原則として市資料に従った。

「一、（寛文一二年）〈右同〉子三月七日ニ（牛込）忠左衛門様被仰出候御触之写」（森永一四八頁第一八〇件）、すなわち一六七二年四月四日に第二四代長崎奉行牛込忠左衛門勝登《かつなり》の出した布告の筆写である。

「一、濱之町守口屋又左衛門、榎津町吉野藤左衛門、志なひ商拂銀出入ニ付雖〈令〉争訴、互（ニ）證文并拂目録等も無之故不分明之間、右両町乙名組頭立合遂吟味重而罷出対決可仕旨申付之処、双方不念付依無正体乙名組頭内證ニ而相（計ひ）〈者可らひ〉可済之由希之間、此般者、任其意免許之訖、向後者、縦親類縁者共之買仲間たりといふとも、慥ニ〈成〉證文又者根目録請取之判形於無之者裁許有間（鋪）〈敷〉之間、異国船入津之時分、常々、町々乙名組頭方ゟ此旨可申触（事）〈者也〉」（森永一四八～九頁）。

これは現代語に直訳すると、

「浜之町守口屋又左衛門と榎津町吉野藤左衛門の間の『しない』取引の代銀をめぐる民事訴訟につき、互いに交わした証文や支払目録などもなくよく分からないので、両町のオトナと組頭を立ち会わせて吟味を遂げ、重ねて出廷して対決審問により処断すべき旨を申し付けたところ、双方不手際につきその主張の根拠が不確かなので、オトナと組頭は内々に計らい和解で済ませようという希望であったところ、今回は、その意に任せて免許して終わることとするが、今後は、たとえ親類縁者どもの買仲間といえども、確かなる証文または根目録を受け取ったというハンコがなければ判決しないことを、異国船来航中は、常々、町々の乙名組頭より布告すべきこと」と読める。

ここで「慥成証文または根目録」が何を意味するのか？

念のため、ここで「根目録」が前出の「拂目録」の誤字ではないことは、市資料と県書の二種類の写本を丁寧に比較点検すれば自明である（図16と17）。

まず、この長崎奉行の布告の文脈を考えてみる。「異国船入津之時分」という末尾の文句が何かしら長崎貿易との

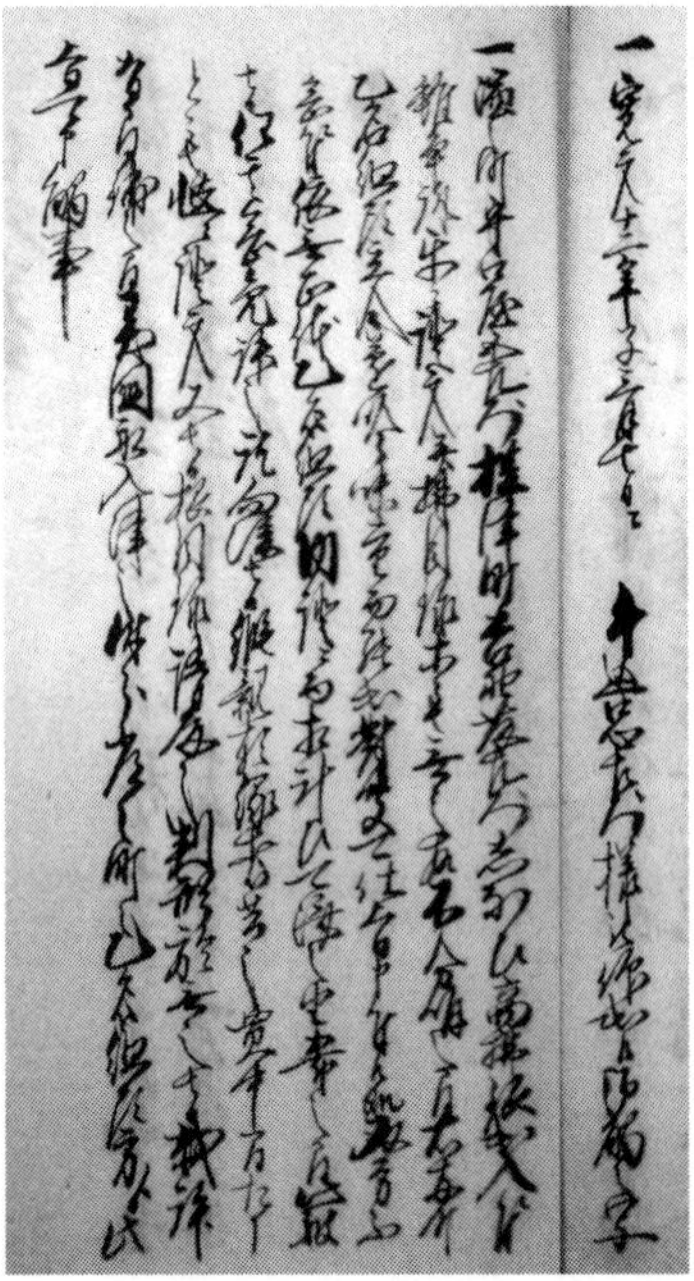

図 16　『日記、寛宝日記』、長崎歴史文化博物館蔵。本文 2 行目上段に「互二證文并拂目録等」とある。本文 6 行目上段に「慥二證文又者根目録」とある。

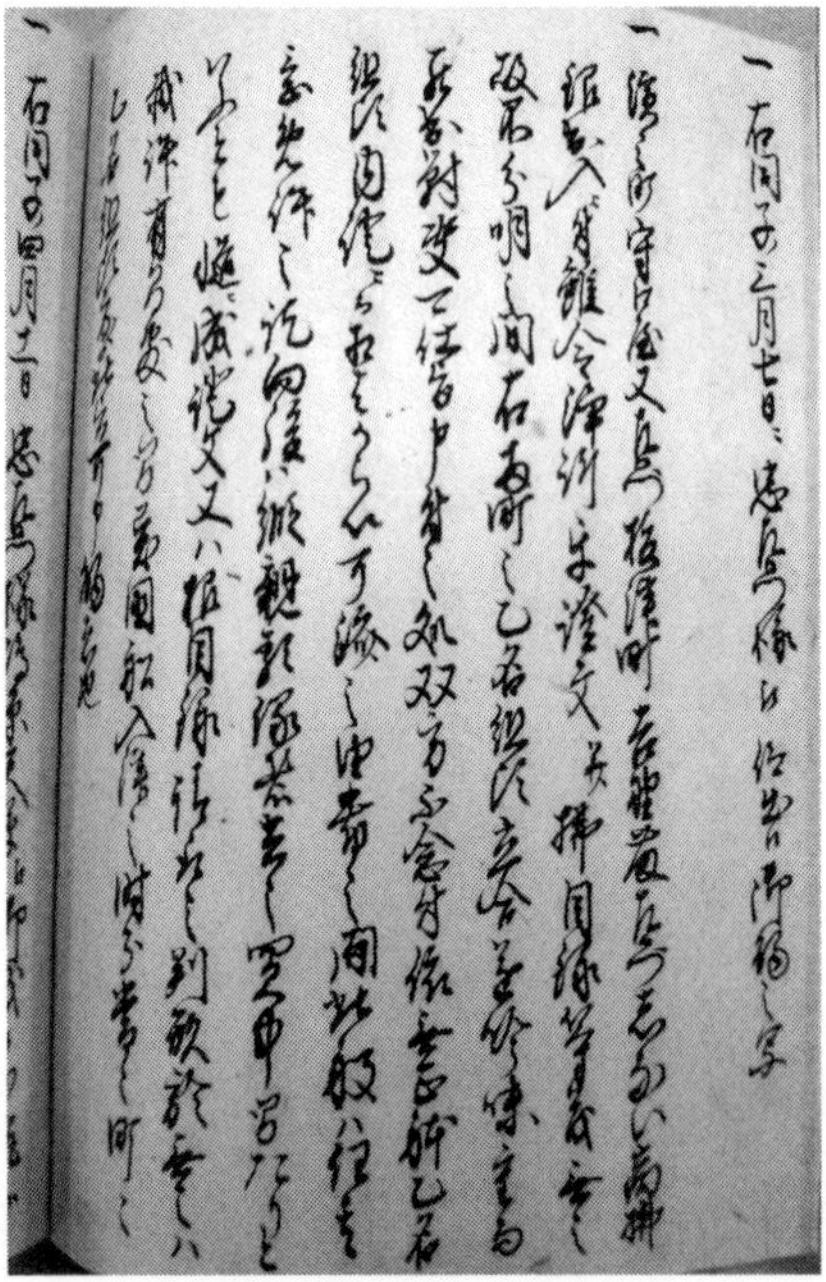

図 17　『寛永至宝永日記』、長崎歴史文化博物館蔵。本文 2 行目中段に「互證文并拂目録等」とある。本文 7 行目上段に「慥二成證文又ハ根目録」とある。

関連を示唆するような気もするが、文脈はあくまでも守口屋又左衛門と吉野藤左衛門の間の「しなひ」売買代銀をめぐる民事訴訟のようである。「しなひ」とは剣道の「竹刀」なのか、「しなやか」な幟の指物なのか、それとも「しなやかに順応する（しなう）商売」なのか不明であるが、竹刀や幟の竿のような「しなやかな」竹製品だとすると輸入品とは考えにくい。要するに「商品の売買代銀をめぐる民事訴訟において、当事者が互いに交わした契約証書もなければ、どの商品に代銀をいついくら支払ったかを示す記録（目録）もないので、どちらの主張も根拠が曖昧で、奉行所としては町オトナ組頭を呼び出して和解させる方針で臨んでいたところ、今回はお奉行様の特別のお慈悲で裁判するけれども、今後は、たとえ親しい身内や商売仲間同士の間の売買であったとしても、確かな契約証書または「根目録」の提出と受領印のない限り、奉行所としては一切取り上げないことを、とくに外国からの貿易船が来ている時分には、常々、町々のオトナ組頭から布告すべきこと」くらいの意味に思われる。つまり、「異国船入津之時分」には長崎奉行所は「何かと忙しい」ので、証拠の曖昧な民事訴訟などは一々取り上げている暇はないと、事務処理手続上の警告を発したと捉えるのが筋ではないだろうか（後に、売掛金請求訴訟は書証の提出が出訴要件とされた〜本書11頁注9）。

長崎奉行牛込忠左衛門勝登は、長崎貿易における金銀の海外流出に歯止めをかけるための貨物市法の企画と実施、長崎奉行の立山役所の建設、長崎聖堂の再興、薬園の設置、倉田水樋（防火用水道）の建設支援など多岐にわたる公共政策、公共事業の実施で名高い（長崎歴史文化博物館常設展示）。このように三権分立のなかった江戸時代の多岐にわたる長崎奉行の業務を考えれば、異国船来航時とは「最優先業務が多く忙しい時」という意味だと捉えるのは比較的常識的な解釈だと思われる。

念のため、これが本書23―24頁で指摘した中村説（貨物市法時代に商人の資産、とくに不動産を吟味して輸入品競売への参加を許可した）を支えるかどうか考えてみよう。たとえば守口屋又左衛門対吉野藤左衛門の民事訴訟が、実は、当事者の一方または双方が輸入品競売への参加を申請し、参加要件として取引実績の一部を証明するために長崎奉行所に提起した裁判であったと解釈できるだろうか。仮にできたとしても、裁判の目的からして、不動産の証明というよりは、商売実績の証明でしかない。また、裁判の対象取引品がおよそ舶来品とは考えにくく、これが輸入品競売への参加資格を証明するための裁判だったという解釈は、少なくとも『寛宝日記』のこの記述内容から得られる解釈としては、少々飛躍があり過ぎるように思われる。

この御触が奉行所多忙期の事務処理方針の公表なのか輸入品競売参加資格要件の公示なのか、後者の可能性は極めて低いと思われるが、どちらの文脈におけるものであったにせよ、御触の後半に現れる「根目録」とは、御触の前半に現れる「拂目録」の言い換えに近く、取引の証拠になるものと思われる。現代なら家計簿や銀行通帳などで、後者は江戸時代後期の先述の両替屋の「通し」に当たる（本書68―69頁）。原文の「拂」という点に重点をおくと、むしろ大福帳のような商家の会計記録くらいの意味で、売掛金（「売りかけ」売買目的物引渡後まだ支払ってもらっていない代金）の相手方名、商品、数量、価格、期日、支払金額などを記した当座勘定取引の「根本台帳」のことであったと解釈するのが常識的なところではないだろうか。

「根目録」が売掛金の相手方名、商品、数量、価格、期日、支払金額などを記した会計記録だったと考えると、売掛金というのは当面の継続的取引関係において発生しやすく、とくに本件のような訴訟に発展する取引となるとツケの商売だった可能性が高い。『寛宝日記』に記された長崎奉行の御触は、少なくともその日、寛文一二年三月七日（一六七二年四月四日）には、「拂目録」ないし「根目録」すなわち現代の「根抵当」の意味にも通じる「継続的な取引関係における」代金支払記録と思われるものが日本に存在していた可能性を示唆する。場所的にも、旗本の間から任命される長崎奉行職の性格から考えると、あえて長崎に限定すべき理由はそれほど強くないと思われる。

井原西鶴は元禄時代における振手形（当座小切手）の振過ぎ（預銀額以上の手形の振出し＝超過貸付）、ひいては流通紙幣化の実態を見事に描写していると言えるが（本書69―74頁）、それより少し前の寛文一二年三月七日の長崎奉行の御触は、元禄時代以前から売掛金訴訟には相応の会計記録が存在しているのが当たり前と言わんばかりの趣旨で、それは前章（68―69頁）で見た両替通（銀行通帳）取引ではなかったにせよ、その先駆的な取引といえることは疑いない。

「根目録」が大福帳のような商家の「根本台帳」を意味し、売掛金の記録がとくに当面の継続的取引相手には普通にとられるであろうことを考えると、「根」という言葉が、文字通り「たとえ地表に何もない状態でも根は生きている」つまり「たとえ目下のところ貸し借りはなくても継続的な取引関係は生きている」くらいの意味で「継続的な取引関係」の存在そのものを示唆する傾向性を持っていたと考えることができよう。そして、それは次章にみる明治初期における根抵当取引の「根」の概念に直結しうる十分な可能性を持つと言えるのではないだろうか。

第六章　明治初期における根抵当

塚田達二郎（大蔵省国債局長）の「根抵当ニ就テ」という法学志林二五号（一九〇一年）一頁上の論考は次のような政府と民間における興味深い「根抵当」取引の慣行を記している。以下、現代語訳を掲げる。

(1) 官民関係

「明治六年（一八七六年）七月二日の太政官布告第二三六号と同第二三七号により政府は第一国立銀行に国庫の金銭出納事務を管理させるにあたって、その保管金「極度額」を二百万円または一五〇万円とし、預金半額に相当する有価証券または不動産を抵当として提供させ、金銭出納に関し銀行の過失によって生じた損害、預金の引き負け（差引赤字）のあるときは、その抵当品を差し押さえて弁償させることにした[1]。」ただし塚田論文の原資料、同年六月の「大蔵省第一国立銀行金銀取扱規則」第一一条～第一二条には「根」という言葉も「抵当」という言葉も「根証文」という言葉も出てこないが、「（資産の）確実を保証する」という表現や「極度」「金高」という表現は存在する[2]。

「明治九年（一八七九年）三月大蔵省達によると、岡山、鳥取、宮崎三県の為替方の富田某が、官金を引き負けして上納することができなくなったので、同人より担保として提供し、当該県庁において保管していた「根抵当品」をことごとく大蔵省に引き上げてその抵当権を実行した[3]。」

「明治一三年（一八八〇年）一月一三日大蔵省達、大蔵省為替方の提供すべき抵当品の種類を、公債証書および公債証書を抵当とする貸金証書で債務者の承諾を得たものに限定した[4]。」

「明治一三年一一月、大蔵省為替方は条例を定め、租税局において定めた地方収税区ごとに適当な銀行に為替方を命じ、その区内における国庫金の出納、保管を委託し、旧来のとおり抵当品を提供させたが、区の為替方において保管していた金額が盗難、水火災、その他のいかなる事故によるかを問わず紛失または滅失したときは、区の為替方にこれを賠償させた。もしその賠償義務を履行しないときは、抵当品を公売しその代金をもって償還に充て、不足があればなおその資産について追徴し、余剰あればこれを還付した。また為替方より徴収すべき抵当の割合は預金を標準とし、時々増減があるとしても、最後に実行されたのは収税区前年度（毎年七月から翌年六月に至る）の実収入をもってその年度の寄託総額とみなし、これに相当する価格を有する抵当品を徴収した[5]。」

「明治一六年（一八八三年）に日本銀行に国庫金の出納保管を委託し、大蔵省為替方を廃止して以来、政府との取引においては「根抵当なる関係」を生じたことはないけれども、府県においては、政府の「根抵当」を模範として、府県金庫の事務を取り扱う銀行に抵当品を差し出させる慣習が発生し、多年にわたりこれを実行してきた[6]。」

「明治三三年（一九〇〇年）内務省令第七号の府県制第一二五条には府県の財務に関し必要な事項は命令をもってこれを定めると規定しているので、この規定に基づき、内務省令を廃止し、府県に属する現金の出納保管の事務取扱を委託するために府県金庫を設定すべきことを明示し、金庫事務の取扱者に担保を提供させて、徴収すべき担保の種類と金額は内務大臣の認可を経て、府県知事がこれを定めるべきものとした。したがって、府県知事は適当と認める銀行に府県金庫の事務取扱を委託し、一会計年度間にその銀行において保管すべき府県現金の最高額を予定し、これを標準として担保額を定め、これに相当する有価証券を提供させた[7]。」

(2) 民民関係

「またひろく商人間において行われている根抵当は、その由来を詳《つまび》らかにすることはできないものの、銀行創設以来、漸次、各地方に伝播し、もっぱら為替取引約定（correspondence）または当座貸越契約に伴って設定され、したがって根抵当の伴う為替取引約定には、当事者間において貸借すべき極度金額を定め、その金額を標準として担保額を定め、これに相当する有価証券を差し出させたことは府県金庫の場合と異なるところはない。当座貸越契約においては、取引の極度額を定め、これに応じて相当担保を提供させることは、前者と同一であるが、前者の場合には当事者は互いに貸方または借方となりうるが、後者の場合には当事者の一方は常に貸方で、相手方は常に借方である点で差異がある。したがって、その抵当品に対する債権者の権利は金銭の出納保管の場合において、先述のところと同一であるとする[8]。

「根抵当は以上の三種類の契約に対して設定されることを普通とする[9]。…」

(3) 分析

以上の大蔵官僚塚田達二郎の筆による明治初期の慣行の記述と要約は近代に輸入翻訳された法律会計用語にすっか

り置き換わっているものの、とくに大蔵省や府県などの「官」と銀行という「民」の間の取引、すなわち「官民」取引における塚田のいう「根抵当」はそのまま江戸時代の長崎会所一括輸入品の国内向け競売への参加のために求められた家質その他各種の「根証文」を髣髴とさせる。

明治六年（一八七三年）六月の「大蔵省第一国立銀行金銀取扱規則」第一一条「此銀行ニ於テハ預リ金ノ質物トシテ公債証書又ハ確当ナル預ヶ金貸出金ノ証文又ハ家作地面地券ノ類至正ノ実価ヲ積算シ其確実ヲ保証スル為メ兼テ之ヲ差入置ク可シ」、とくに「家作地面地券の類を、もっとも正しい実勢価格を積算してその確実を保証するためにかねて提出させて保管しておくべきこと」という部分は、長崎唐紅毛荷物入札商売の根証文（とくに）大意書の京都の部分）と機能的によく似ている（本書19頁）。

たとえば、長崎会所での国家独占輸入品の競売に参加するための根証文は、基本的にいわば「官製」競売に参加する資格（「株」）およびその信用度（「株高」）の証明を目的としており、明治初期に大蔵省（のちに府県）が官金の出納保管を民間銀行に委託するにあたって求めた塚田のいう「根抵当」の目的と共通するところがある。また長崎官製競売の根証文の実行手続（17、31頁）と官金出納保管の「根抵当」の実行手続（87頁）もよく似ている。

本書では、とりあえず長崎貿易における家質根証文と、その他の種類の根証文を分けて分析したが、塚田の記録する明治初期の慣行は、その両者にまたがるもので、まさに明治政府も江戸幕府の「根証文」慣行をそのまま受け継いでいたことを示唆している。その橋渡しをした可能性の高いのが、戊辰戦争の戦費調達のために長崎会所を制圧して足立程十郎に根証文を提出させ（56頁）、大蔵省に入り明治六年五月七日に財政健全化のための建言[10]を提出して大蔵大輔（次官）を辞した井上馨である。井上馨と渋澤栄一は前年の三井小野組合銀行の設立と、大蔵省辞任後は同行の第一国立銀行としての開業（明治六年八月）に尽力したからである。

さらに興味深いのは、江戸時代の金融約定実務において、当座貸越契約や為替取引が根担保を伴うこともあったことは、本書で鴻池文書などを検証したところから読み取れるが、その取引において「根証文」という言葉はまったく用いられていなかったという「謎」について、塚田の「官民関係」と「民民関係」とを分断した観察が比較的合理的な説明を提供していると思われることである。つまり、根証文とは江戸時代の御公儀や藩と商人の間の「官民関係」において要求された証文で、「民民関係」においてはそれと同様の取引であっても「根証文」という言葉は用いられなかった、江戸時代においては官民取引に使われる用語は、民民取引では避けられていた、という仮説である。

この仮説の「逆説的好例」が先述（本書74頁）の佐賀鍋島藩の大坂堂島蔵屋敷が家質にとられ、宝暦四年四月一二日に訴訟に至った事例かもしれない。これは明らかに大名貸の実例で「官民」の取引であるから、本来は「根証文」が登場しなければおかしいはずである。しかし訴状にも家質証文にも「根証文」の字はなく、ただ「年寄五人組加判慥成（タシカナル）証文」[11]あるいは「家質証文」[12]とあるだけである。これは仮説と矛盾しないのか？ここで重要なことは訴状にも証文にも相手方が実質的に佐賀鍋島藩であるということは分からず、名義上はあくまでも貸主鎰屋《かぎや》与兵衛対借主溝口善左衛門、町人対町人の家質銀出入、「民民」契約についての「民民」訴訟の体裁をとっていたことである[13]。谷説によると、これには理由があり、それは民民の私証文の形をとらないで役人の奥書のある藩（官）の公証文の形式で融資をすると、御公儀（官）に願い出たところで門前払いされる危険性が高かったからである[14]。実に、内済（示談）の交渉にあたり奉行所の意向を受けて町組惣年寄から内々に提示された条件の一つ、役人加判の添証文を作成することに貸主鎰屋与兵衛が不安を覚えて抵抗したが、その理由は、「役人加判により藩の公文書としての性格が加味されると、却って奉行所としては訴を採択してくれないのではないか、という心配」[15]であったのである。つまり官民契約であることを証明する「根証文」という証書形式を採用すると、かえって貸主である町人の側に訴訟手続（訴状が「乍恐」オソレナガラと始まるように、「御上」に御慈悲を願い出る手続）の上で不利があったのである。谷説は、最終的に佐賀藩がお家芸ともいえる利息踏み倒し（町人に奉公を強要）を強行できなかったのは民民の私証書形式の借入であったからであると分析している[16]。

この分析に疑問を呈するものが、本書で見てきた限られた根証文の実例の中に二つある。一つは、辰年（おそらく安政三年）一月二七日（一八五六年）、尾張名古屋町奉行御用達の美濃屋勘七が小名の御屋敷調達のための引当（担保）として町御役所より渡された「御根証文」である（本書54頁）。もう一つは、文久元年八月（一八六一年）、長崎大浦弁天崎の外国人居留地埋立造成工事の請負業者、勝木屋と天草の勘四郎が中川八十吉に提供した「根証文」である（本書49頁）。

まず美濃屋が受け取った「御」根証文は明確な「官民」取引の公文書形式をとったもので「御」の字までついている。これはどう説明するのか。根証文が官のために民の信用度を確認する文書であったとしても、民にとってはかえって確かでないものであったことを、先の大坂の佐賀鍋島藩蔵屋敷質入事件についての谷啓輔説は示していないだろうか？

そして長崎の外国人居留地造成工事の根証文は、少なくとも名義上は町人対町人の「民民」取引における「根証文」であり、借主勝木屋らの背後には長崎代官所があって、実態として公共工事に関する「官民」取引の色彩を帯びていた。これでは同じく名義上は町人同士の「民民」取引の形をとった大坂の佐賀鍋島藩蔵屋敷質入事件の「官民」取引に「根証文」の用語がなかったことと根本的に矛盾しないだろうか？

本書では美濃屋文書についてはその背景を掘り下げる余裕がないが、次の点は指摘できる。すなわち長崎商売の五ヵ所、京、堺、大坂、長崎（江戸は史料乏しく不明）でそれぞれ根証文作成のしきたりが違ったことからしても、官民関係においても地域差というものがあったと思われる。大坂は元来豊臣家の築いた町であり、その豊臣家を滅ぼし大坂を焼き払い町人を虐殺して君臨した宿敵「徳川家」に対する大坂町人の視線は、当然の如く、御三家筆頭の城下町名古屋の町人の「御公儀」に対する視線とは異なっていたこと、そして大坂は「天下の台所」であり、京都という当時の日本最大の工業都市（絹織物工業）兼一大消費都市の外港としての性格も併せ持つ流通経済の中心、要であり、世界に先駆けて米の先物取引まで行っていた先進的な市場であって、それに比例して法的発展も大坂が江戸をリードしていたことは、本書であらためて指摘するまでもない。ちなみに、先の佐賀鍋島藩の大坂蔵屋敷の質入事件で、借主の大坂町人は名義上の借主で、実質的借主は佐賀藩であったことを指摘したが、貸主の鎰屋《かぎや》与兵衛も名義上の貸主で、実質的貸主は京都に本拠地を有していたことが知られている[17]。これはもちろんロンドンの高等法院商事法廷の裁判の当事者の大半が外国企業であり、外国企業対外国企業の事件が珍しくないこととは比較すべき次元の現象ではないであろうが、大坂が商売および商事訴訟の中心として、日本の中でも特異な位置を占めていたことの例証でもあろう。大坂ではそういう背景の中で商人にとっての実利を図る手堅い取引が追及されていた。

以上のことから、大坂の慣行が名古屋の慣行と逆様であったとしても何ら不思議はないと思われる。

一方、長崎の公共工事「根証文」については、御公儀（官）の公共工事のためとは言え、大坂の佐賀藩の事件や名古屋の美濃屋の事件で質入の対象が実質的には「官」の財産であったのと根本的に異なり、その対象が名実ともに「民」の財産（勝木屋の家屋敷）であった。ただし大坂の事件の「民」間債権者鎰屋《かぎや》には「官」に対する債権回収の便宜のためにあえて債務者名義を町人にし、担保も「根証文」とは表現しなかったことについて、大坂ならではの理由があったと思われる。一方、長崎の事件の債権者中川屋には別の事情と計算があったようで、中川屋（民）は一応、町人（民）財産を根証文にとったけれども、その実行にはあまりこだわらず、むしろ「裁判所」役であると同時に債務者の保証人でもあった長崎奉行所（官）との間の保証契約の実行を求めた。

ともかく、本書は、根証文が官民関係だけであって、民民関係には用いられなかったという仮説について、この長崎の公共工事の根証文が全く反証にならないとまで言い切るものではない。

長崎のこの公共工事の根証文の当事者関係の性格については、官民取引と民民取引の分断仮説との矛盾を小さくするような次の二通りの仮説が考えられる。その一つは根証文提供者の勝木屋（民）は、形の上では民間債権者の中川屋に提供したのであるが、その実は、保証人である御役人（官）の手前そうする必要があったのかもしれないということである。これだと官民取引と民民取引の分断仮説は必ずしも否定されない。もう一つは長崎においては上方以上に根証文が流布しており、官民関係と民民関係の垣根を超えつつあったという仮説である。とくに根証文の起源となったと思われる唐紅毛荷物入札商売において、長崎の地元では上方に比べて小規模商人に参加が許されることが多く、根証文が上方よりも広く流布していたと思われる。これは官民関係と民民関係の分断の地域的な限界があった可能性を示唆する。

さて、ここで塚田達二郎説の示唆するところに戻ると、それは、明治維新を経て官（大蔵省のちに府県）が民（銀行）に公務（官金出納保管）を委託するにあたって利用した根抵当が、民間に伝わり、民間の為替取引や当座貸越の担保も、同類として同じ根抵当という言葉で呼ばれるようになったという仮説である。確かに、事実として明治に入って遅くとも商民法典編纂が進む頃にはこのような民間取引に根抵当が使われるようになっていたことは疑いようがない。

この仮説には、しかし強力な反論がある。それは、江戸時代の根証文の慣行がやはり官民関係に使われていて、少なくとも民間の大商人、大両替商の間ではよく知られていたにもかかわらず、民民の、とくに為替取引や当座貸越の担保には根証文の名前は使われなかったと思われるからである。「官民関係」と「民民関係」の間の壁は江戸時代の身分関係が変質しつつ明治に入ってから益々高く強度を増していったのだが、なぜその明治時代になってから根証文の「信用の根」の概念が、その壁を越えることができたのだろうか？この問いに対する答えは、もっと素朴だった江戸時代の慣行の分析からは出てこない。

そこで登場するのが、近代日本の法典編纂と、それに際して範としたヨーロッパにおける「根抵当」に相当する慣行、そしてその慣行の和訳の必要性である。より踏み込めば、官民関係と民民関係の分断仮説と重複、あるいは並行して、江戸時代の根証文の使われた取引類型とヨーロッパ大陸法の「根抵当」相当取引類型との間にずれがあり、明治に入ってからむしろ後者の（日本に実在したが根証文とは呼ばれていなかった）類型を日本語で示すために江戸時代の言葉が援用されたという仮説がありうるということである。

1　明治六年政府ハ第一国立銀行ヲシテ国庫ノ金銭出納事務ヲ管理セシムルニ當リ其保管金極度額ヲ二百万円若クハ百五十万円トシテ預ヶ金半額ニ相当スル有価証券又ハ不動産ヲ抵当トシテ提供セシメ金銭出納ニ関シ銀行ノ過失ニ因リテ生シタル損害又ハ預ヶ金ノ引負アルトキハ其抵当品ヲ差押ヘ弁償セシム（明治六年太政官布告第二百三十六号、同第二百三十七号）

2　第十一条「此銀行ニ於テハ預リ金ノ質物トシテ公債証書又ハ確当ナル預ヶ金貸出金ノ証文又ハ家作地面地券ノ類至正ノ実価ヲ積算シ其確実ヲ保証スル為メ兼テ之ヲ差入置ク可シ尤右高ハ預ヶ金ノ半高ヲ以テ目途トナシ時ニ於テ之ヲ増減交換スル事アル可シ」、第十二条「此銀行ノ預金高ハ前条質物ノ都合ニヨリ常ニ弐百万円或ハ百五十万円ヲ以テ極度トナス可シ若此決定ノ金額ニ超越スル時ハ大蔵省金庫へ繰入又ハ他ノ銀行へ預ヶ方ヲナスカ或ハ別ニ確実ノ保証ヲ差出シ此銀行ニ預ル事アル可シ」（傍線筆者）外史局編纂「布告全書」明治六年第七冊（最高裁判所図書館明治文庫 WHO.1.F73A.73 (7)）。

3　明治九年岡山、鳥取、宮崎三県ノ為替方富田某官金引負上納スルヲ得サリシヲ以テ同人ヨリ担保トシテ提供シ当該県庁ニ於テ保管セシ根抵当品ヲ悉ク大蔵省ニ引揚ケ其抵当権ヲ実行セリ（明治九年三月大蔵省達）

4　同十三年大蔵省為替方ノ提供スヘキ抵当品ノ種類ヲ公債証書及ヒ公債証書ヲ抵当ト為シタル貸金証書ニシテ債務者ノ承諾ヲ得タルモノニ限定セリ（明治十三年一月十三日大蔵省達）。

5　同年十一月大蔵省為替方条例ヲ定メ租税局ニ於テ定メタル地方収税区毎ニ適当ナル銀行ニ為替方ヲ命シ其区内ニ於ケル国庫金ノ出納、保管ヲ司ラシメ抵当品ヲ提供セシメシコト旧ノ如シ而シテ為替方ニ於テ保管セル金額カ盗難、水火災其他如何ナル事故ニ因ルヲ問ハス紛失又ハ滅失シタルトキハ為替方ヲシテ之ヲ賠償セシム若シ其賠償義務ヲ履行セサルトキハ抵当品ヲ公売シ其代金ヲ以テ償還ニ充テ不足アレハ尚ホ其資産ニ就テ追徴シ余剰アレハ之ヲ還付セリ又為替方ヨリ徴収スヘキ抵当ノ割合ハ預ケ金ヲ標準トシテ時々増減アリシト雖モ最後ニ行ハレタルハ収税区前年度（毎年七月ヨリ翌年六月ニ至ル）ノ実収入ヲ以テ其年度ノ寄託総額ト見做シ之ニ相当スル価格ヲ有スル抵当品ヲ徴収セリ。

6　同十六年日本銀行ヲシテ国庫金ノ出納保管ヲ司ラシメ大蔵省為替方ヲ廃止セシ以来政府トノ取引ニ於テハ根抵当ナル関係ヲ生シタルコトナシト雖モ府県ニ於テハ模範ヲ政府ノ根抵当ニ採リ府県金庫ノ事務ヲ取扱フ銀行ヲシテ抵当品ヲ差出サシムル慣習ヲ生シ多年之ヲ実行セリ。

7　現行府県制第百二十五条ニハ府県ノ財務ニ関シ必要ナル事項ハ命令ヲ以テ之ヲ定ムト規定セルヲ以テ、此規定ニ基キ内務省令ヲ廃シ府県ニ属スル現金ノ出納保管ノ事務ヲ取扱ハシムルカ為メ府県金庫ヲ設定スヘキコトヲ命シ金庫事務ノ取扱者ヲシテ担保ヲ提供セシメ徴収スヘキ担保ノ種類及ヒ金額ハ内務大臣ノ認可ヲ経テ府県知事ニ於テ之ヲ定ムヘキモノトセリ（明治三十三年内務省令第七号）従テ府県知事ハ適当ト認ムル銀行ヲシテ府県金庫ノ事務ヲ取扱ハシメ一会計年度間ニ其銀行ニ於テ保管スヘキ府県現金ノ最高額ヲ予定シ之ヲ標準トシテ担保額ヲ定メ之ニ相当スル有価証券ヲ提供セシム。

8　又汎ク商人間ニ於テ行ハルル根抵当ハ其由来ヲ詳ニスルコトヲ得スト雖モ銀行ノ創設セラレシ以来漸次各地方ニ伝播セラレ専ラ為替取引約定（「コルレスポンデンス」）又ハ当座貸越契約ニ伴ヒテ設定セラル而シテ根抵当ノ伴フ為替取引約定ニハ当事者間ニ於テ貸借スヘキ極度金額ヲ定メ其金額ヲ標準トシテ担保額ヲ定メ之ニ相当スル有価証券ヲ差出サシムルコト府県金庫ノ場合ト異ナルコトナシ当座貸越契約ニ於テハ取引ノ極度額ヲ定メ之ニ応シ相当担保ヲ提供セシムルコトハ前者ト同一ナリト雖モ前者ノ場合ニハ当事者ハ互ニ貸方又ハ借方ト為ルコトアルヘキモ後者ノ場合ニハ当事者ノ一方ハ常ニ貸方ニシテ相手方ハ常ニ借方ナル点ニ於テ差異アリ而シテ其抵当品ニ対スル債権者ノ権利ハ金銭出納保管ノ場合ニ於テ述ヘタル所ト同一ナリトス

9　根抵当ハ以上ノ三種ノ契約ニ対シテ設定セラルルヲ普通トス

10 井上馨・渋澤栄一「建言」日新眞事誌明治六年五月一〇日一～四面。浅岡邦雄「『日新眞事誌』の創刊者ジョン・レディ・ブラック」参考書誌研究第三七号（一九九〇年）三八～六四頁、四六～四七頁。
11 谷啓輔一九九四年一〇八頁と一〇九頁「乍恐御訴訟」2通。
12 谷啓輔一九九四年一三〇頁など。
13 谷啓輔一九九四年一一〇頁。
14 谷啓輔一九九四年一三七頁。
15 谷啓輔一九九四年一二四頁。
16 谷啓輔一九九四年一三七頁。
17 谷啓輔一九九四年一一四～一一五頁。

第七章　近代法上の根抵当

明治一七年（一八八四年）二月印行の日本商事慣例類集第二編に「商事上の抵当は民事上の抵当と異なる所ありや」という質問について、「各自融通の都合を以て地所建物株券等の如きを根抵当と称し、金高を定めず金主に差入置、金員入用の際直ちに借受支用するの約をなすものあり、権利義務の場合に於ては民事の貸借に異るなきも、取引上の都合に於て大差あるものなり（日本橋区）[1]」という形で「根抵当」の文字が見える。残念ながら、東京府、千葉県、茨城県、神奈川県、栃木県、三重県、愛知県、静岡県、岐阜県においてしか調査がなかったようで[2]、「根証文」との関係を見る上ではるかに重要な長崎、大阪、京都が欠落している。たしかに本稿の視野は担保権についてだけのことではあるものの、それでも大阪の調査記録がないとは、近代法典編纂担当者に人手と予算の大きな制約があったとしても致命的であり、日本法制史上の一大悲劇というべきであろう。安政条約交渉において大坂開港を強く望んだタウンゼント・ハリスの識見に日本の法典編纂担当者は劣ったのであろうか。

また、この調査の行われた時代に、本当に「根抵当」という言葉が市井において用いられていたのかどうか、とくに「抵当」という言葉を究極的な回答者であるはずの商人が使って答えていたのか、それとも近代ヨーロッパ大陸法に通じた質問者がそのようにやりとりを「編集」したのかも定かでない。

ロエスレルは商事慣例類集第二編の刊行直前の明治一七年（一八八四年）一月二三日に日本商法草案脱稿報告書を提出し[3]、ほどなく同草案と注釈も刊行された[4]。一方、明治二三年（一八九〇年）の商法制定を経て、井上操（大阪控訴院部長）の『日本商法講義』は旧民法三八四条「質権は将来の債権の為め予め之を設定することを得ず」（ロエスレル草案四三九条[5]）について「銀行に株券等を根抵当として信用を確実にし当座貸越の承諾を得んとするが如きは世間あるいは本条の規定に牴触するが如く思う者あれども本条に牴触するものにあらず。何となれば根抵当はただ信用を確実ならしめんがために入れ置きたるものにして未だ生ざる将来の債権の弁償を担保するがためにあらず…」と論じている[6]。

井上判事の根抵当の解説はロエスレル草案四三九条についてのロエスレル自身の注釈「ただし停止条件付債務には担保権を設定することができる。なぜならまず将来において債務の存在が決まり、その場合に債務は条件の発生後、契約締結時に遡って成立するからである[7]」とは全く異質である。井上判事は「銀行から当座貸越の承諾を得る」という根抵当設定の実務上の価値をよく理解していただけでなく、とくに債務者の「信用を確実にするため」という根抵当の目的についての解説は、江戸時代の根証文ないし根証文相当取引の性格である「たしかなる」質物証文、例えば、先述の宝暦元年正月〈一七五一年〉の佐賀藩大坂蔵屋敷の家質証文など（本書74頁）に通じるもので、その本質をよく穿っていた。まさに江戸時代の根証文と、それに相当する民間両替為替取引上の無名の慣行の本質とは、このような債務者の「信用の根」という意味だったのだと解説することができるのである。

井上操判事は、弘化四年九月二〇日（一八四七年）信州生まれ、一八七三年に二五歳で司法省法学校に入学して三年で卒業、司法省に入り、一八八四年に民法典編纂委員、一八八六年に東京大学法科大学教授に任命されたが同年そのまま東京始審裁判所から大阪控訴院へと裁判官実務に進み、その後、一八九四年まで足かけ八年大阪控訴院に勤務したことから[8]、司法省における教育よりも大阪での裁判官実務経験に、このように正確な理解の原因があったのかもしれない。奇しくも大阪控訴院は先述の佐賀鍋島藩蔵屋敷が立地していた跡地に建てられていた[9]。

一方、法典調査会の民法議事速記録によれば、明治二七年（一八九四年）一二月四日の第五〇回の会合の中で、田部芳委員の「将来債権の担保」についての明示規定を求める動議に対し富井政章委員から「今日根抵当というものがあるということでありますか」という質問が出て[10]、梅謙次郎委員からは「最多額」の登記について指摘が出た[11]。

ちなみにこの半年前、明治二七年（一八九四年）六月三〇日に大審院が「岡信明対竹下伝吉地所抵当貸金催促件」について判決を下したが、その中で次のような民間の根抵当取引の実例に触れていた[12]。

「被上告人は、上告人が被上告人先代由兵衛と地所を根抵当として借入金の契約をなし、爾後、数回にこれが契約に基き引出金をなしたるものありとて本訴の請求をなしたるところ、東京控訴院はその請求を裁可せり。」

これは民法典施行以前（商法典施行から三年目）に一つの根抵当が数回にわたる融資を担保するために使われていたことを示す。極度額、最多額は争点でもなかったので判決には出てこない。明治三四年（一九〇一年）の東京控訴院と大審院における根抵当の合法性判断などは省略する[13]。

梅博士は『民法要義』の明治四一年（一九〇八年）訂正増補版で「根抵当はもとより有効なり。根抵当とは信用契約（仏独語引用）に伴うものにして金銭貸借の予約において借主たるべき者が一定の金額を限としその入用に応じ何時にても借入金をなすことを得る場合においてこれを担保する抵当をいう…。その性質については議論あれども余は条件付債務の抵当なりと信ず[14]」云々と議論している。現在の根抵当の基本的な形はこれにあらわされているといってよいが、基本的に日本の判例も踏まえているものの、仏独語の「信用契約」といい、「条件付債務の抵当」というロエスレル流の定義といい、リヨン大学法学博士らしい、定義である。

c. Der Eigenthümer kann endlich auch auf seinen Namen die Hypothek eintragen lassen und auf diese Weise sich ein Werthobjekt schaffen, durch dessen Verpfändung sich jede beliebige Forderung sicherstellen läßt. Das Verständniß für die Eigenthümerhypothek ist indessen zur Zeit noch nicht so weit verbreitet, daß die Gesetzgebung es wagen dürfte, die Betheiligten auf diese Form zu verweisen, wenn es sich darum handelt, Realsicherheit für eine künftige oder ungewisse Forderung zu leisten. Man hat deshalb selbst in Preußen und Mecklenburg eine besondere Kautionshypothek nicht entbehren zu können geglaubt. Der preußische Entwurf eines Gesetzes über den Eigenthumserwerb ꝛc. hatte unter §. 21 folgenden Satz: »Wenn die Größe eines Anspruchs zur Zeit der Eintragung noch unbestimmt ist (Kautions-Hypotheken), so muß der Schuldgrund und der höchste Betrag eingetragen werden, bis zu welchem das Grundstück haften soll.« Und dieser Satz hat auch in dem Gesetze vom 5. Mai 1872 §. 24 unter Weglassung der Worte »der Schuldgrund und« eine Stelle gefunden.

図 18　Reinhold Johow, Entwurf eines BGB, Sachenrecht, Begründung, Dritter Band, Berlin, 1880-1882, S.1513. プロイセンの Kautions-Hypothek. Universitätsbibliothek Freiburg 蔵

ここで欧州大陸法系各国の関連規定を網羅して比較することは不可能なので、一例としてドイツ民法典第一編纂委員会の検討記録（一八八〇―二年）[15]だけを見てみると、Sicherungshypothek（確かなる保全抵当）の見出しで債権から独立して附従性のない抵当、即ちグルンドシュルト（Grundschuld）の採用について議論する中で、プロイセンやメクレンブルグでは「将来のまたは未知の債権のための物的信用を提供」するために独特の「保証抵当」（Kautionshypothek）なしでは済まないと考えられていたことに触れている（図18）[16]。一八七二年五月五日のプロイセンの「所有権取得および土地と鉱山と〈旧ザクセン王領地の石炭採掘〉独立特権に対する物権的負荷に関する法律」（Gesetz über den Eigenthumserwerb und die dingliche Belastung der Grundstücke, Bergwerke und selbstständigen Gerechtigkeiten）第二四条には「登記すべき請求額が今のところ未確定である場合（保証抵当 Kautions-Hypotheken）、土地に課すべき極度額（höchste Betrag）を登記する」という規定があり（図19）[17]、同規定の草案（二一条）にあった「債務原因」（Schuldgrund）は登記要目から省略された[18]。メクレンブルグでは万一に備えて登記されるいわゆる窮極の抵当（Ultimathypotheken）があって、その性

(Nr. 8034.) Gesetz über den Eigenthumserwerb und die dingliche Belastung der Grundstücke, Bergwerke und selbstständigen Gerechtigkeiten. Vom 5. Mai 1872.

§. 24.

Wenn die Größe eines Anspruchs zur Zeit der Eintragung noch unbestimmt ist (Kautions-Hypotheken), so muß der höchste Betrag eingetragen werden, bis zu welchem das Grundstück haften soll.

Vierter Abschnitt.

Von dem Bergwerkseigenthum und den selbstständigen Gerechtigkeiten.

§. 68.

Verliehene Bergwerke, unbewegliche Bergwerksantheile und die selbstständigen Kohlen-Abbaugerechtigkeiten in den vormals Königlich Sächsischen Landestheilen unterliegen den Vorschriften dieses Gesetzes mit folgenden zusätzlichen Bestimmungen:

Ge-rechtigkeit (⏑⏑⏑–) *f* ⑯ 1. (s. gerecht 1) justice, righteousness; fairness, equitableness, fair-mindedness, impartiality; legitimacy; e-m, e-r Sache ~ widerfahren l. to do justice to a p., a th. — 2. personifiziert: (even-handed) Justice; *poet.* Themis; e-n der ~ (den Gerichten) überliefern to deliver a p. up to justice, to hand a p. over to the tender mercies of the law. — 3. *rel.* ~ des Wandels righteousness; ~ (Rechtfertigung) durch den Glauben justification by faith. — 4. (Berechtigung) right; (Vorrecht) privilege, prerogative; (Freiheit von Abgaben ꝛc.) immunity, exemption; oft in Zssgn, zB. Druck-2 printing license.

図 19　Gesetz über den Eigethumserwerb und die dingliche Belastung der Grundstücke, Bergwerke und selbstständigen Gerechtigkeiten, 1872, Nr. 8034. §24. Universitäts- und Landesbibliothek Bonn 蔵

Muret-Sanders Deutsch-Englischen Wörterbuch, Berlin, 1910, S431

Gerechtigkeit の英訳として privilege, immunity, licence

質上、同抵当が担保の目的とする請求権を単に証明する（Nachweis des Anspruchs）だけで実行できるものであったという[19]。

ちなみに保証抵当 Kautionshypothek は、念のための保証金ないし保証物（担保）または注意を指すラテン語 cautio とほぼ同じ意味のギリシャ語 ὑποθήκη の合体である。ラテン語の動詞 caveo は caveat emptor「買主は注意せよ」の法諺で知られ、ギリシャ語の動詞 ὑποτίθημι も「助言、注意する」「担保を置く」という意味を持つが、原意は「下に置く」ということで、「下」（足元）という点で「信用の根」というニュアンスとも通じるかもしれない。「保証抵当」とはまさに信用保証のための抵当というニュアンスであれば、江戸時代の根証文の証明しようとしたものと通じる。

同様に附従性を緩和した担保制度が大陸法諸国で広く行われていることはあらためて云うまでもないであろう。イギリスは二〇〇二年の不動産登記法（Land Registration Act 2002）四九条四項で初めて極度額まであらかじめ担保枠を登記しておくことができる制度を導入したが、その経緯は、同法案の法律委員会（Law Commission）での審議で、スウェーデンの不動産登記実務関係者を友人に持つ委員から「大陸法諸国で広く行われているもの」として紹介されて、誰も忙しいので異議を述べずそのまま採択されたという[20]。

日本の江戸時代の慣行に極度額（最多額）という概念は、長崎貿易の入札株根証文の「高」（額）にも見られ（本書15、19、39頁）、また両替通取引（銀行の当座通帳取引に相当）の「通い尻請合」においても言葉は別として実質的に実在し（本書53頁）、それらは基本的に仮想売買価格であり、それが債務者の信用の確実化を目的としていたこともほぼ共通していたことはプロイセンのものと比較しても理解できよう。最大の違いは登記制度の有無で、日本では登記制度がなかった代わりに町組などの自治組織の関与が特徴的であり、同時に本稿で見た史料からは確実なことはいえないが、家質根証文の例では担保権の実行における「甘さ」は目立つ。しかし、そういう手続的な違いは別として、プロイセンの「保証抵当」の類が日本語で「根（ね）抵当」と表現されたとしても、「根証文」実務から見て、とくに不思議はないと思われる。

以上見てきたことから、明治時代に入って、従来、「官民」取引を中心に用いられてきた根証文の「根」という言葉、信用の「根」という江戸時代の法概念が、「民民」の為替取引や当座貸越のための信用保証の文脈において「抵当」という西洋語起源の明治の法制度と合体するに至ったとすれば、それは井上操判事のような司法省法学校を卒業し商民法典編纂に携わったような「官界」の「洋才」エリートが、日本の商慣行や国の財政金融実務に触れる中で発生した可能性が高いという仮説が立てられる。この仮説では、日本の実務慣行の名称のために江戸時代の「根証文」と欧州大陸の「保証抵当」の類との合体を媒介した人は、明治一七年（一八八四年）の商事慣例類集の日本橋区の「根抵当」記録からすれば、おそらく井上操判事以前にいたと考えられる。井上馨と渋澤栄一の役割（89頁）は小さくないと考えられる。

1　司法省編「日本商事慣例類集」東京、白東社一九三二年三五八頁。
2　司法省編「日本商事慣例類集」三五六～三六八頁。
3　司法省編「日本商事慣例類集」三頁（瀧本誠一解題）。
4　Hermann Roesler, Entwurf eines Handels-Gesetzbuches für Japan mit Commentar, Tokio, 1884.
5　§439 För eine yukünftige Forderung kann ein Pfandrecht nicht bestellt werden.
6　井上操『日本商法講義』大坂、国文社一八九〇年七七頁。
7　§439 ... Für eine bedingte Schuld kann übrigens ein Pfandrecht bestellt werden, obworl erst in der Zukunft die Existenz der Schuld sich entscheidet; denn in diesem Falle wird die Schuld nach Entrit der Bedingung auf den Zeitpunkt des Abschlusses zurückdatirt. Roesler, Entwurf, 1884, S224.

8 関西大学のウェブページ <www.kansai-u.ac.jp/nenshi/history/detail.php?cd=81&nm=1>（二〇一二年一月九日参照）
9 大阪市「新修大阪市史」第三巻一九八九年四七八頁図三二蔵屋敷分布図⑯。
10 法務大臣官房司法法制調査部『法典調査会、民法議事速記録、六』一七一頁。
11 同一七四頁。
12 大審院明治二七年度判決例民事集二六七頁。
13 東京控訴院第四民事部明治三四年六月株式会社新田銀行対宮崎勘太郎破産管財人藤井尚長事件判決（法学志林二三号一九〇一年八九頁）、大審院三四年一〇月二五日判決。
14 梅謙二郎『民法要義』巻之二物権編一九〇八年五〇〇～五〇一頁
15 Werner Schubert (Hrsg) Die Vorlangen der Redaktoren für die erste Kommission zur Ausarbeitung des Entwurfs eines BGB, Sachenrecht, Berlin: de Gruyter, 1982.
16 Reinhold Johow, Entwurf eines bürgerlichen Gesetzbuches für das Deutsche Reich, Sachenrecht, Begründung, Dritter Band, Berlin, 1880-1882. S.1512-1513.
17 Gesetz-Sammlung für die Königlichen Preußischen Staaaten, Nr.28, Jahrgang 1872. (Nr. 8034), S.437.
18 Werner Schubert (Hrsg) Die Vorentwürfe der Redaktoren zum BGB, Sachenrecht Teil 2, Berlin: de Gruyter, 1982, S.1513.
19 Ibid.
20 イングランド Law Commission の報告書 Land Registration for the Twenty-first Century: Conveyancing Revolution, LC271 の委員 Charles Harpum の筆者宛て証言（二〇〇八年一〇月）。

第八章　根目録と根抵当

前の二章ではとりあえず「根証文」が近代の根抵当につながる一つの仮説（「信用の根」仮説）を提示したが、第五章で言及した「根目録」という商家の会計帳簿の存在は、それとは別の仮説を支持する。

元禄時代以前から存在した「根目録」、おそらく商家の売掛金の記録を含めた根本台帳の存在は、「根本台帳」の意味の他に、「根は生きている」、取引関係は継続している、という意味で少なくとも江戸時代後期には実質的な根担保取引にかかる「形容詞」となりうる十分な可能性を秘めていた。それだけではなく、塚田達二郎の官民関係と民民関係の分断説（本書86―90頁）にかかわらず、根証文および根抵当に通じるニュアンスを持っていたと考えることができる。

この「根目録」の存在は、明治における近代商民法典編纂事業にあたって、ヨーロッパにおいて根抵当に相当するものをまさに日本語で「根」ヒュポテーク（抵当）と表現する素地を十分に提供していたといえるだろう。なぜなら、いわば商家の会計用語（根目録）が近代法継受の文脈で法律用語（根抵当）に応用された可能性を指摘できるからである。なお会計用語が法律用語に応用される海外の実例として、近年の英語圏では、たとえば accounts receivables（売掛金口座）という英語圏諸国での用法が金銭債権（receivables）という意味で債権譲渡（assignment of receivables）という文脈でも用いられるようになり、イギリス本国にそのような法律用語として輸入されたという例が見られる。

そして、根目録という会計用語を根抵当という近代法律用語につなげた担い手を考えてみると、もともとが商家の会計用語である以上、必ずしも近代法の知識をもったエリートに限られるべき理由は乏しい。むしろ日本の商人がヨーロッパ法の説明を受ければ自然に生み出しかねない性質の用語であるということができる。この「庶民的」感覚は「根」抵当の会計用語（根目録）応用説の強みでもある。井上操判事（本書98―99頁）はひょっとすると大坂でそういう商人の生んだ用語を逆に学んだのかもしれない。

結　論　根証文は根抵当の起源か？

本書は、序論に記したとおり、オックスフォードで知り合ったローマ法・比較法学者たちから投げかけられた素朴な質問、「日本という独自の文明が本来持っていた法、法制度とはどういうものだったのか？」に対する私なりの回答を探索し始めて、その探索過程において目に留まった、回答となりうるものを示唆しているように見える素材の発見と検証、というようにまとめられようか。

試しに日本の判例法が民法典に編入された例として根抵当を取り上げ、そのコモンロー的な民法典入りの歴史はよく研究されているが、「根」という言葉にひょっとして江戸時代の起源（ルーツ）があるのではないか?その素朴な疑問に、まったく偶然に目に留まった根証文が回答を与えてくれているように思われたので、それをできる範囲で検証してみたのが本書である。根目録については、東信堂が出版を了承してくれてから偶然に目に留まったもののため、検証範囲も非常に限られており、課題も多い。

結論として、「根証文」は江戸時代において主に官民を中心とする取引関係における信用保証の目的で用いられたといえよう。その起源は、おそらく、少なくとも一七七〇年代における長崎貿易において長崎会所が輸入した商品の国内商人による入札と国内各地での再販売利益からの支払、その多くは上方への搬送と再販売利益からの支払というリスクを伴う巨額取引であったが、その取引への参加資格を認めるための信用保証の必要性と輸入品の国内価格流通統制（官製カルテル）の文脈で発生した可能性が高い（18—20頁）。長崎会所からの落札商品の小口の流通商人のリスクを保証する機能も存在したが、保険制度には至らなかった（41頁）。

「根証文」は、長崎貿易の官営化の要であった大坂銅座の資本を集めるために三井などが代わって出資銀を募るときに発行した「枝証文」と意味の上で対照的関係にあり（59—61頁）、「枝証文」が出資者や出資額などをいわば資本の「枝」として証明するのに対し、「根証文」は信用の「根」の存在を証明する機能を有していた（59—61頁）。

根証文は、長崎貿易以外の文脈では、文久元年（一八六一年）の長崎外国人居留地埋立造成工事の人夫の糧秣貸与の文脈で当座貸越（overdraft）に相当する取引を担保するなど（49—54頁）、近代の根抵当と同様の機能を果たす場合もあった。しかし、官民取引を中心に使われていた根証文も、民間（民民）取引、とくに為替取引や当座貸越のための信用保証の文脈では、その名前が用いられることはまずなかった（76—77頁）。

明治に入って、根証文の持つ「信用の根」という概念が独り歩きして官民取引の文脈を離れ、ローマ法系の抵当（hypotheca）制度等と合体し、とくにプロイセンの極度額を登記する保証抵当（Kautionshypothek）の類（欧州の大陸法系の通商先進地域に広く見られる～100—102頁）と機能的に似た日本の民間の両替商～銀行の為替、当座貸越取引等のための信用保証の新しい名前、「根抵当」が生まれるためには、近代大陸法を習得し法典編纂にも日本の財政裁判実務にも携わったような官界の人物が日本の商慣習にも触れる中で根証文の「根」と保証抵当の類の「抵当」が合体し、現代の意味における根抵当、根保証という新しい用語となって普及したということが考えられる（第七章）。その媒介者が誰なのか、本書は井上馨・渋澤栄一説を示唆する（89、103頁）が、この点の厳密な検証は今後の課題としたい。しかし、最低限、根証文が江戸時代において果たしていた「信用の根」の証明という機能、信用保証という機能は、現代の根抵当、根担保、根保証の「根」という概念の日本のルーツ（根）を証明するということもできよう。

その一方で、根証文とは別の次元で、元禄時代以前から存在した「根目録」が商家の根本会計記録を指し、とくに売掛金の支払履歴などを記録し、継続的取引関係を前提とするようになっていたとすれば（第五章）、そのような会計用語が、近代商民法典編纂期において、ヨーロッパの最多額（極度額）抵当の類を「根抵当」と呼ぶ日本語表現に応用された仮説も成り立つ（第八章）。この会計用語応用説の場合、官民関係と民民関係の分断はあまり関係がない。また、近代法に通じたエリートに限らず、むしろ日本の普通の商人がヨーロッパ法の説明さえ受ければ自然に生み出しうる用語である点で、無理が少ない。おそらく、この一般商家の根目録という会計用語から近代の根抵当という法律用語が生まれたという会計用語応用仮説（「根＝継続取引」仮説）の方が、先の「信用の根」仮説以上に説得力があると言えるかもしれない。より厳密には、根目録および商家の会計記録についてのさらなる研究が今後の課題となる。以上を図示してみると、

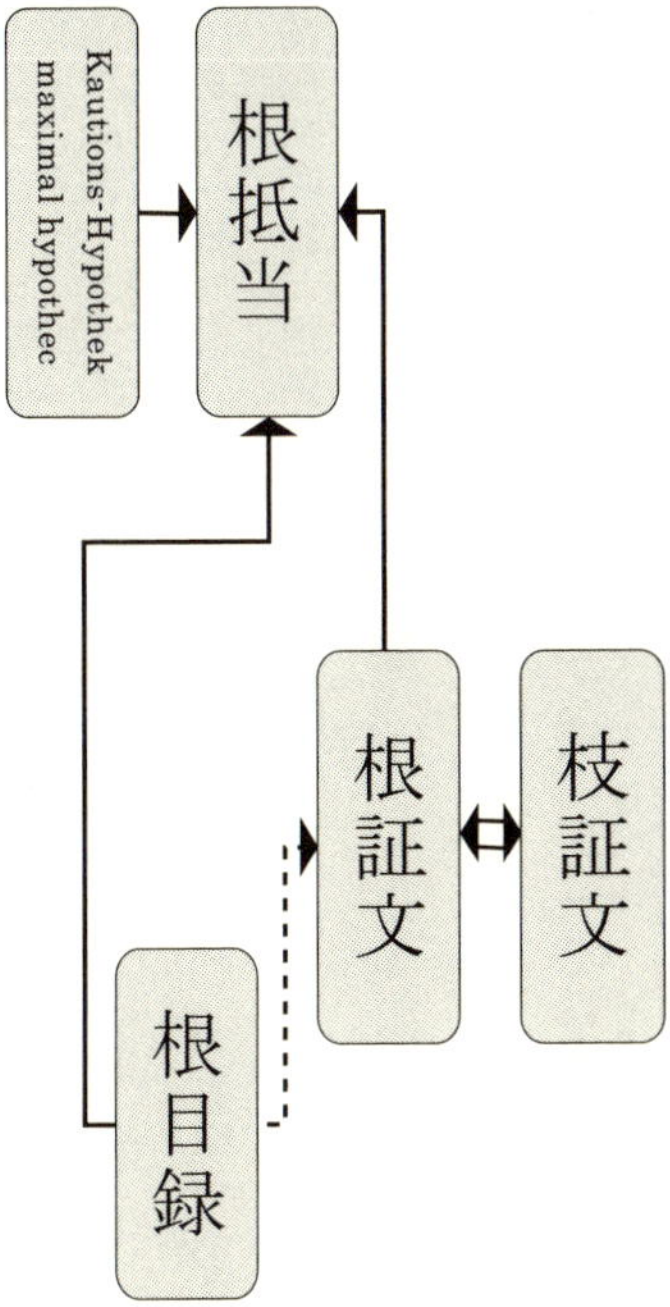

ここで、当初の問題提起に立ち戻ると、日本独特の立木《りゅうぼく》すなわち「一筆ノ土地又ハ一筆ノ土地ノ一部ニ生立スル樹木ノ集団」に対する物権設定（立木ニ関スル法律、明治四二年法律第二二号、第一条）はもちろんのこと、出資金の証明である「枝」証文、おそらくは信用の「根」の証明である根証文、あるいは「根」目録から類推すれば、継続的取引関係の存続（根が生きていること）を示す、あるいは継続的取引関係を下から支える「根」としての根証文は、江戸時代の日本人の「木」の比喩による物事の捉え方をよく例証しているように思われる。日本は「木の文化」の国だというのは、外国人にも呑み込みやすいポイントらしい。もちろん、日本人はなぜか欧米人と違って家系図を family tree（家族樹）というように「木の比喩」では表現しないが、根抵当の「根」の字の日本における「ルーツ」（roots ＝根＝祖先）は、根証文あるいはそれを飛び越して根目録にあるらしいことは、本書である程度証明できたといえるのではないだろうか。

ところで、本書の執筆過程では、多くの古文書に触れることになり、井ヶ田良治先生の丁寧かつ辛抱強いご援助を得てこの研究を進めることができたが、あらためて日本における近代仏独法継受という法制史上の歴史との断絶だけでなく、文献学的な意味における歴史との断絶の大きさを改めて思い知った次第である。かつてロンドン大学の史料研究セミナーで出会ったドイツの友が、ゴシック（亀甲）文字からラテン文字への転換で現代ドイツ人は歴史的なドイツの文献を読解できず、大きな歴史との断絶があるということを述べていたが、本書もその亀甲文字文献をも読むことになった。その上で、日本における問題はドイツに比べてはるかに深刻であることを痛感せざるを得なかった。もちろん、イギリスでも一九九八年民事訴訟規則（ＣＰＲ）以来、ラテン語彙の使用が禁止され、中世のラテン語風表記の英語やフランス語（本書で見てきた江戸時代の漢文風に書かれた日本語に相当する）が読めないという次元を超えて、さらに歴史との断絶が大きく広がりつつある。そういう流れの中で、本書は、その歴史からの二重の断絶を超えてみようという、いささか野心的な試みであった。根目録ないし根証文から根抵当への大きな流れの方向性は示したが、近世と近代の間のすべての「穴」ないし「溝」が埋まったとは到底言い難い。根目録については、近世だけでなく、中世（鎌倉・室町時代）の為替取引についての先行研究の探索を含め、今後の課題が残っている。根証文については、海運リスクを視野に入れた信用供与の点で、本書で扱った糸荷廻船の文脈だけでなく、その他の廻船業全般につき、史料の探索が今後の課題である。筆者の勉強不足による誤解や曲解もあるだろうし、今後ともご批判を乞いたい。ただ本書の提示した二つの仮説が、歴史からの二重の断絶を超えるために有益な二筋の光を照射できていれば幸いである。

最後になったが、本書の執筆過程で特に興味深かったのは、お世話になった井ヶ田先生や神保文夫先生など日本法制史の先生方が意外とイギリス法制史に強い関心をお持ちであることで、その理由をあらためて考えてみると、やはりイギリス法が、普遍性を標榜する近代法典国の法と違って、自ら世界標準だとは標榜せず、むしろ偶然的要素の強い歴史的所産であることを強調する傾向のあることが、近代法典のもとにおける法学研究の普遍性を相対化し、それとは別の視点で、研究対象、研究素材をそのまま、予断無く見ることを可能にする傾向があるからではないかと思われる。ここに比較法・法制史研究の方法論の第一歩があるのだろうと思われる。

文献目録

■未刊行文献

尼崎市立地域研究史料館「前田宗五郎家文書請一一九―六」

九州大学附属図書館「桑木文庫四六一」

同学同館付設記録資料館九州文化史資料部門「石本文書三五九〇、二〇九二四」

同「三奈木黒田家文書四二四」

京都大学文学部図書室「国史つ1／343／5」大阪商業史資料

京都府立総合資料館「東寺百合文書」「セ〇四九、セ〇五六、セ〇五七」

同館「貴五二七特八四〇―一九」井原西鶴「世間胸算用」木版本

東京大学法学部図書室「京阪文書第四二輯七号」

徳川林政史研究所「美濃屋文書四七」

長崎大学附属図書館経済学部分館「武藤文庫九～一〇番、七四番、一八〇～一八一番、二〇三～二〇七番、二〇九～二四四番、二七一番、二八一～二八二番、二八九番」

長崎歴史文化博物館「県書一三・三四」「寛永至宝永日記」

同「県書一四・四六三・三」「足立程十郎人参販売一件書類」

同「市博文書資料二一〇・七二・二」「日記、寛宝日記」

北海道大学附属図書館「公裁録」一九二九年筆写

一橋大学附属図書館「岡田家文書一〇—一—三—四、一〇—一—三—一九」

三井文庫、「本一四九二—一四、本一六六九—八、本一六七〇—三、続四七〇—三」

Charles Harpum, a member of the Law Commission reporting Land Registration for the Twenty-first Century: Conveyancing Revolution (LC271), message addressed to the author, October 2008

■刊行文献（日本語）

法令

明治六年七月二日太政官布告第二三六号、第二三七号（最高裁判所図書館明治文庫 WHO.1.F73A「布告全書」明治六年）

昭和四六年法律第九九号

判例

大審院明治二七年度判決例民事集二六七頁

書籍

浅国邦雄（一九九〇年）「『日新眞事誌』の創刊者ジョン・レディ・ブラック」参考書誌研究第三七号三八～六四頁

浅古弘他編（二〇一〇年）『日本法制史』東京、青林書院

石井良助（一九五九年）「家質の研究」国家学会雑誌七三巻三号

石井良助（一九八七年）「家質の研究」（再収録）日本古文書学論集一三・近世の私文書、東京、吉川弘文館一二〇～一六三頁

磯田道史（二〇〇三年）『武士の家計簿～加賀藩御算用者の幕末維新』東京、新潮社

井上馨・渋澤栄一（一八七三年）「建言」日新眞事誌明治六年五月一〇日一～四面

井上操（一八九〇年）『日本商法講義』大阪、国文社

井原西鶴（一九六〇年）『日本古典文学大系四八、西鶴集下』東京、岩波書店
梅謙次郎（一九〇八年）『民法要義』巻之三訂正増補版、東京、法政大学、中外出版社、有斐閣書房
大石学、小澤弘、山本博文編（二〇〇二年）『江戸時代館』東京、小学館
大阪市参事会編（一九一一年）『大阪市史』大阪
太田勝也（一九九二年）『鎖国時代長崎貿易史の研究』京都、思文閣
大村要子（一九五四年）「近世長崎に於ける貿易業～石本家を中心として」九州文化史研究所紀要三・四合併号一七八頁
小川恭一（一九九九年）『お旗本の家庭事情と暮らしの知恵』東京、つくばね舎
小野武雄（一九七九年）『江戸物価事典』東京、展望社
河村哲夫（二〇〇七年）『天を翔けた男～西海の豪商石本平兵衛』福岡、梓書院
栗原智久（二〇〇七年）『大江戸調査網』東京、講談社メチエ三八〇
甲賀宜政（一九三〇年）『古金銀調査明細録』
小早川欣吾（一九七九年）『日本担保法史序説』東京、法政大学出版局
小林弘忠（二〇〇三年）『大江戸「懐」事情～知れば知るほど』東京実業の日本社
司法省編（一九三二年）『日本商事慣例類集』東京、白東社
新修大阪市史編纂委員会（一九八九年）『新修大阪市史』第三巻
神保文夫（一九九五）「江戸幕府出入筋の裁判における本公事・金公事の分化について」法制史研究四五一頁
谷啓輔（一九七四年）「総合口座取引における貸越」手形研究一八巻二一一号二四―二九頁、二一四号三一―三九頁
谷啓輔（一九七九年）「江戸時代の当座勘定貸越約定書（一―二）」手形研究二三巻二八三号三〇―三三頁
谷啓輔（一九七九年）「江戸時代の両替商とその帳簿」手形研究二三巻二八四号五八―六一頁
谷啓輔（一九七九年）「江戸時代の当座勘定元帳」手形研究二三巻二八五号四〇―四三頁
谷啓輔（一九七九年）「江戸時代の手形割引取引」手形研究二三巻二八六号三六―四〇頁
谷啓輔（一九七九年）「江戸時代の根抵当取引（一―三）」手形研究二三巻二八七号五六―五九頁、二八九号四〇―四三頁、二九二号五六―六二頁

谷啓輔（一九八〇年）「江戸時代の動産担保取引」手形研究二四巻二九五号四二―四七頁
谷啓輔（一九八〇年）「江戸時代の動産売買と債権譲渡」手形研究二四巻二九八号六四―六七頁
谷啓輔（一九九〇年）「金融取引約定成立史の研究（一―二）」島大法学三四巻三号一―五三号、四号二一―七五頁
谷啓輔（一九九一年）「金融取引約定成立史の研究（三）」島大法学三五巻一号四三―七八頁
谷啓輔（一九九四年）『金融約定成立史の研究』東京、経済法令研究会
塚田達二郎（一九〇一年）「根抵当ニ就テ」法学志林二五号一頁
中江克己（二〇〇三年）『江戸の意外なモノの値段～物価から見える江戸っ子の生活模様』東京、ＰＨＰ研究所
長崎県（一九六五年）『長崎県史』史料編第四冊、東京、吉川弘文館
中田薫（一九三八年）『法制史論説』第二巻、東京、岩波書店
中村質（一九八八年）『近世長崎貿易史の研究』東京、吉川弘文館
名古屋市編（一九一五―一九一六年）『名古屋市史』
幡新大実（二〇〇九年）『イギリスの司法制度』東京、東信堂
法務大臣官房司法法制調査部（一九八三年）『法典調査会、民法議事速記録、六』東京、商事法務研究会
布袋厚（二〇〇九年）『復元江戸時代の長崎』長崎、長崎文献社
本庄栄治郎編（一九二六年）『近世社会経済叢書』東京、改造社
本馬貞夫（一九八四年）「会津藩用達足立家について～幕末長崎の人参貿易商～」長崎談叢六九輯五五頁
前田博仁（二〇一一年）「江戸時代後期、宮崎では一両一三万二千円だった」
available at http://www.miten.jp/miten/modules/popnupblog/index.php?postid=381
槇悌次（一九七六年）『根抵当権法の研究、アメリカ法とイギリス法』東京、一粒社
松好貞夫（一九三二年）『日本両替金融史論』東京、文藝春秋
森永種夫、越中哲也（一九七七年）『寛宝日記と犯科帳』長崎、長崎文献社
山口栄蔵（一九八七年）「枝証文について」、日本古文書学論集一三・近世の私文書、東京、吉川弘文館二二六～二三七頁
八幡和郎、臼井美法（二〇〇五年）『江戸三百年「普通の武士」はこう生きた』東京、ベストセラーズ

■刊行文献（外国語）

法令

Preußen, Gesetz über den Eigenthumserweb und die dingliche Belastung der Grundstücke, Bergwerke und selbstständigen Gerechtigkeiten, 1872, Nr. 8034.

書籍

Simons, O. (2004) "The Marteau Early 18th-Century Currency Converter, Silver Coins Compared 1670-1730, Metal Based Currency Conversions" available at
http://www.pierre-marteau.com/currency/coins/silver.html

Schubert, W. Hrsg. (1982) *Die Vorentwürfe der Redaktoren zum BGB,* Sachenrecht, Berlin de Gruyter.

Roesler, H. (1984) *Entwurf eines Handels-Gesetzbuches für Japan mit Commentar,* Tokio.

おわりに

本書の執筆に当たっては序論でも述べたとおりフォーゲナウアー先生、井ヶ田良治先生、故藤原明久先生、河村哲夫氏、武野要子先生、神保文夫先生などにとくにお世話になった。あらためて感謝申し上げる。とくに井ヶ田先生の法制史学の方法論と、古文書読解の手引きがなければ、本研究は不可能であった。短く読みやすい文献（例えば東寺百合文書、美濃屋文書四七番、武藤文庫九番、一〇番、一八〇番、一八一番や多数の津出釣合書など）は自分で読解してから点検していただくようにしたつもりであるが、とくに三井文庫や武藤文庫や石本文書などの長文だが重要と思われる文献は井ヶ田先生に直接解読していただいた。筆者の能力不足で本書で十分に活用できなかった文献が沢山あるのはまことに申し訳ない限りである。武野先生には太田勝也先生の『鎖国時代長崎貿易史の研究』を長期間にわたって貸与して戴いた。フォーゲナウアー先生にはオックスフォードでの昼食時の会話から本書執筆の直接の動機を得たのみならず、二〇〇八年に欧州法比較法研究所の客員フェローにして戴き、そこからボン大学法学部図書館のケスパー(Carl Erich Kesper)さんにドイツ語資料の探索と入手において一方ならぬお世話になった。

筆者は通常、英米法イギリス法研究を専攻として、その視点から比較法・法制史に関心があるのだが、その比較法・法制史研究の方法論の上で、本書は専攻外であるどころか逆にとくに関連性の深い重要な研究であると自分では位置付けている。

私事にわたるが、古文書と向き合いながら、学齢期に千字文や王羲之の刻石拓本を手本に習字をしたことや、家にあった古いドイツの亀甲文字で書かれた辞書などを見ながら自分でその書体を真似して書いていたことを思い出し、祖父ほども年の離れた亡父の圧倒的権威と影響力のもとで法学部に進んだために眠っていた自分自身の興味の「根」に法律学がつながった気がした。本書の文脈で一部、応仁の乱以前の文献（東寺百合文書セ四九番、21頁図1）に言及できたことも、内藤湖南批判として、まことに喜ばしい。一度こういう研究がしてみたかった。そういう本である。東信堂の下田勝司社長夫妻には、とにかく江戸時代は面白いということでご理解いただき、その特別のご尽力でこの本を世に出すことができる。それは気まぐれな著者を相手に一字一句生命を削るような作業であり、帯にしても通り一遍のものではなく、著者以上に端的にその内容と価値を世に伝えるために精読を繰り返す。それはコンピューターでは決して真似のできない、心のこもった職人芸である。それは、もう、出版の域を超えた、出版芸術と云わなければならない。その影なる努力を正当に評価する仕組みが、ネットによる過度情報化社会、ネット・ショッピング時代における真の言論の自由の確保のために必要である。亡父が死ぬまで私の「根抵当研究」（その実は、根の字のルーツの研究）を気にして、「根抵当」「根抵当」と口にしていたことを思うと、こうして東信堂から出版できることは、まことにありがたく、嬉しく、ここにあらためて感謝の意を表したい。

欧文索引

D = ドイツ語、E = 英語

accounts receivables（E 売掛金口座、金銭債権⇔ accounts payables） 105
Grundschuld（D 土地債務） ii, 100
höchste Betrag（D）（a maximum amount 極度額、最多額） 53, 100, 102
Hypothek（D ← ὑποθήκη 抵当） ii, 69, 100, 102, 105, 108
Kautionshypothek（D 保証抵当） ii, 100, 102, 103, 108
overdraft（E 当座貸越） 68, 72, 108
Sicherungshypothek（D 確かなる保全抵当） 100
Ultimathypothek（D 窮極の抵当） ii, 100

や

よ

ら

り

れ

ろ

ふ

ほ

ま

み

む

も

に

ね

は

ひ

ち

つ

て

と

な

し

せ

た

き

く

け

こ

さ

お

か

和文索引

（→　参照項目）

著者紹介

幡新　大実（はたしん おおみ）

1966年生、東京大学法学部卒

1999年、ランカスター大学PhD

2003年、英国法廷弁護士（インナー・テンプル）

2004年、オックスフォード大学セント・アントニーズ・カレッジ上級客員研究員

2008年、オックスフォード大学欧州法比較法研究所客員フェロー

2010年、早稲田大学国際教養学部非常勤講師

主要著書

『イギリス憲法Ⅰ　憲政』東信堂、2013年

『イギリス債権法』東信堂、2010年

『イギリスの司法制度』東信堂、2009年

『国連の平和外交』（訳書）東信堂、2005年

根証文から根抵当へ

2013年10月10日　初　版第1刷発行　〔検印省略〕

＊定価はカバーに表示してあります。

著者Ⓒ幡新大実／発行者 下田勝司　印刷・製本／中央精版印刷

東京都文京区向丘1-20-6　郵便振替 00110-6-37828

〒113-0023　TEL (03) 3818-5521　FAX (03) 3818-5514

発行所 株式会社 東信堂

Published by TOSHINDO PUBLISHING CO., LTD.

1-20-6, Mukougaoka, Bunkyo-ku, Tokyo, 113-0023 Japan

E-mail : tk203444@fsinet.or.jp　http://www.toshindo-pub.com

ISBN978-4-7989-1190-8　C3032

東信堂

〔現代国際法叢書〕

- 国際法における承認——その法的機能及び効果の再検討　王　志安　五二〇〇円
- 国際社会と法　高野雄一　四三〇〇円
- 集団安保と自衛権　高野雄一　四八〇〇円
- 国際「合意」論序説——法的拘束力を有しない国際「合意」について　中村耕一郎　三〇〇〇円
- 法と力　国際平和の模索　寺沢　一　五二〇〇円

- 武力紛争の国際法　村瀬信也 真山全 編　一四二八六円
- 国連安保理の機能変化　村瀬信也 編　二七〇〇円
- 海洋境界確定の国際法　村瀬信也 江藤淳一 編　二八〇〇円
- 国際刑事裁判所　村瀬信也 洪恵子 編　四二〇〇円
- 自衛権の現代的展開　村瀬信也 編　二八〇〇円
- 国連安全保障理事会——その限界と可能性　松浦博司　三二〇〇円
- 集団安全保障の本質　柘山堯司 編　四六〇〇円
- 相対覇権国家システム安定化論——東アジア統合の行方　柳田辰雄　二四〇〇円

- 国際政治経済システム学——共生への俯瞰　柳田辰雄　一八〇〇円

- イギリス憲法Ⅰ　憲政　幡新大実　四二〇〇円
- イギリス債権法　幡新大実　三八〇〇円
- 根証文から根抵当へ　幡新大実　二八〇〇円
- 判例　ウィーン売買条約　井原宏 河村寛治 編著　四二〇〇円
- グローバル企業法　井原　宏　三八〇〇円
- 国際ジョイントベンチャー契約——国際ジョイントベンチャーのリスクとリーガルプランニング　井原　宏　五八〇〇円

シリーズ〈制度のメカニズム〉

- アメリカ連邦最高裁判所　大越康夫　一八〇〇円
- 衆議院——そのシステムとメカニズム　向大野新治　一八〇〇円
- WTOとFTA——日本の制度上の問題点　高瀬　保　一八〇〇円
- フランスの政治制度〔改訂版〕　大山礼子　二〇〇〇円
- イギリスの司法制度　幡新大実　二〇〇〇円

〒113-0023　東京都文京区向丘1-20-6　TEL 03-3818-5521　FAX03-3818-5514　振替 00110-6-37828
Email tk203444@fsinet.or.jp　URL:http://www.toshindo-pub.com/

※定価：表示価格（本体）＋税

東信堂

国際法新講〔上〕〔下〕	田畑茂二郎	〔上〕二九〇〇円 〔下〕二七〇〇円
ベーシック条約集〔二〇一三年版〕	編集代表 田中・薬師寺・坂元	二六〇〇円
ハンディ条約集	編集代表 松井芳郎	一六〇〇円
国際人権条約・宣言集〔第3版〕	編集 松井・薬師寺・坂元・小畑・徳川	三八〇〇円
国際機構条約・資料集〔第2版〕	編集代表 安藤仁介 香西茂	三二〇〇円
判例国際法〔第2版〕	編集代表 松井芳郎	三八〇〇円
国際環境法の基本原則	松井芳郎	三八〇〇円
国際法から世界を見る——市民のための国際法入門〔第3版〕	松井芳郎	二八〇〇円
国際民事訴訟法・国際私法論集	高桑昭	六五〇〇円
国際機構法の研究	中村道	八六〇〇円
条約法の理論と実際	坂元茂樹	四二〇〇円
国際立法——国際法の法源論	村瀬信也	六八〇〇円
21世紀の国際法秩序——ポスト・ウェストファリアの展望	R・フォーク 川崎孝子訳	三八〇〇円
宗教と人権——国際法の視点から	N・レルナー 元百合子訳	三八〇〇円
ワークアウト国際人権法——人権を理解するために	W・ベネデェック編 中坂・徳川編訳	三〇〇〇円
難民問題と『連帯』——EUのダブリン・システムと地域保護プログラム	中坂恵美子	二八〇〇円
国際法〔第2版〕	浅田正彦編著	二九〇〇円
国際法／はじめて学ぶ人のための〔新訂版〕	大沼保昭	三六〇〇円
国際法学の地平——歴史、理論、実証	中川淳司 寺谷広司 編著	一二〇〇〇円
小田滋・回想の海洋法	小田滋	七六〇〇円
国際法と共に歩んだ六〇年——学者として 裁判官として	小田滋	六八〇〇円
国際法研究余滴	石本泰雄	四七〇〇円
21世紀の国際機構：課題と展望	安藤仁介 中村道 位田隆一 編	七一四〇円
グローバル化する世界と法の課題	編集 松井・木棚・薬師寺・山形	八二〇〇円
現代国際法の思想と構造Ⅰ——歴史、国家、機構、条約、人権	編集 松田・田中・代表 薬師寺・坂本	六二〇〇円
現代国際法の思想と構造Ⅱ——環境、海洋、刑事、紛争、展望	編集 松田・田中・代表 薬師寺・坂本	六八〇〇円

〒113-0023 東京都文京区向丘 1-20-6 TEL 03-3818-5521 FAX03-3818-5514 振替 00110-6-37828
Email tk203444@fsinet.or.jp URL:http://www.toshindo-pub.com/

※定価：表示価格（本体）＋税

〒113-0023 東京都文京区向丘 1-20-6 TEL 03-3818-5521 FAX03-3818-5514 振替 00110-6-37828
Email tk203444@fsinet.or.jp URL:http://www.toshindo-pub.com/